Lindemann Group
PETER SCHIESSL

Microsoft

Excel 2010

Schulungsbuch mit Übungen

ISBN 979-8-456713-23-0
Print on Demand since 2010 in several editions
V241011 / Lindemann Group

Herausgeber: Lindemann BHIT, München
Postanschrift: LE/Schießl, Fortnerstr. 8, 80933 München
E-Mail: post@kamiprint.de Fax: 0049 (0)89 99 95 46 83
© Dipl.-Ing. (FH) Peter Schießl, München
www.lindemann-beer.com / www.kamiprint.de

Dieses Buch wurde mit größter Sorgfalt erstellt.
Dennoch kann weder Verlag noch Autor aufgrund der
Vielfalt der Soft- und Hardware irgendeine Haftung
für Schäden durch Fehler des Buches oder der
beschriebenen Programme übernehmen.

Alle erwähnten Namen von Programmen sind überwiegend
eingetragene Markenzeichen der jeweiligen Hersteller.

Dieses Buch wurde anhand einer vollständigen Installation der ersten Ausgabe
von MS Office 2010 Home and Business auf Windows 7 erstellt.
Abweichungen von den Beschreibungen und Abbildungen sind durch
eine benutzerdefinierte Installation oder Veränderungen durch andere
installierte Software oder seitens Microsoft bei Updates oder
neueren Ausgaben möglich.

Inhaltsverzeichnis

1. Teil...7
GRUNDLAGEN 7

1. Programme und Fenster — 9
1.1 Excel starten 9
    1.1.1 Die Schnellstartleiste 10
1.2 Eingabe in Excel 10
    1.2.1 Die erste Tabelle 10
    1.2.2 Fehler korrigieren 11
    1.2.3 Eintrag ersetzen 11
1.3 Über die Befehle 12
    1.3.1 Die neue Symbolleiste - Multifunktionsleiste 12
    1.3.2 Standardaktionen Öffnen, Speichern, Rückgängig 13
    1.3.3 Beispiel Symbole...13
    1.3.4 Befehl, Symbol oder Shortcut 14

2. Speichern und Ordner — 15
2.1 Äußerst wichtiges Grundwissen...15
2.2 Neuer Ordner 16
2.3 Datei schließen 17
2.4 Abschlussübung...18

3. Arbeitsmappe und Tabellen — 19
3.1 Was ist Excel? 19
3.2 Unterschied Datenbank-Kalkulation 19
3.3 Die Arbeitsmappe 20
3.4 Blätter ergänzen und löschen 21
3.5 Zeilen und Spalten 22
3.6 Die Bezeichnungen der Spalten und Zeilen...........................22
3.7 Kopieren und Verschieben 23
    3.7.1 Zeile kopieren 24
    3.7.2 Umstellen 24

4. Der Excel-Bildschirm — 25
4.1 Schnellzugriffsleiste und Statuszeile....................................25
4.2 Einige wichtige Symbole 26
4.3 Die Spalten sortieren 27
4.4 Tabelle formatieren 28
4.5 Die Seitenansicht 29
4.6 Seite einrichten 30
4.7 Kopf- und Fußzeile 31
    4.7.1 Die Seitenränder..31
    4.7.2 Die Kopfzeile und Fußzeile 32
    4.7.3 Kopf- und Fußzeile einrichten.................................32
4.8 Kopf- oder Fußzeile, Bildlaufleiste......................................34
4.9 Zur Tabelle umwandeln 35
4.10 Zusammenfassung...36

2. Teil...37
BERECHNUNGEN IM EXCEL 37

5. Eine Summe berechnen — 39
5.1 Übung vorbereiten.. 39
5.2 Die Eingabemöglichkeiten.................................... 40
5.3 Die automatische Summe...................................... 40
5.4 Tabelle fertig stellen 41
5.5 Neuer Monat, neues Blatt, Umbenennen 42

6. Formel und Koordinaten — 43
6.1 Schnelleingabe durch Zeigen................................. 44
6.2 Formel kopieren 44
6.3 Mit Summe das Ergebnis einfügen 45
6.4 Absolute und relative Koordinaten........................ 45
    6.4.1 Relative Bezüge 45
    6.4.2 Absolute Bezüge 46
    6.4.3 Formel absolut kopieren 46
    6.4.4 Stellvertreter... 46
6.5 Die Überschrift gestalten 47
6.6 Format übertragen... 48
6.7 Übung Raumberechnung 49

7. Der Funktionsassistent — 51
7.1 Lottozahlen mit dem Funktionsassistenten 51
    7.1.1 Über die Kategorien 52
    7.1.2 Die Hilfe.. 53
    7.1.3 Formel ergänzen 53
    7.1.4 Ergebnisse fixieren 54
    7.1.5 Die Smarttags.. 55
7.2 Abschreibung 55
    7.2.1 Funktion suchen 56
    7.2.2 Formeleingabe durch Zeigen....................... 57
    7.2.3 Formel kopieren 57
    7.2.4 Zum Abschluss.. 58

8. Rechnung, Kommentar, Datum — 59
8.1 Die Zahlenformate... 59
8.2 Die Mehrwertsteuer.. 61
8.3 Ein Kommentar 62
    8.3.1 Kommentare ändern..................................... 62
8.4 Das aktuelle Datum einfügen................................. 63
    8.4.1 Berechnungen mit Datum 63
8.5 Rechnung rationalisieren 65
8.6 Rechnung in Word übernehmen............................. 66

9. Eine Haushaltsplanung — 67
9.1 Automatisch Ausfüllen mit Reihe........................... 68
9.2 Nach rechts automatisch ausfüllen 69
9.3 Mit Kommentaren dokumentieren 70
9.4 Übersicht ergänzen.. 71
9.5 Die Ausgaben 72

3. Teil..**73**

MIT ZINSEN RECHNEN 73

10. Kredit berechnen	**75**
10.1 Das Prinzip der Rechnung	75
10.2 Die Berechnung	76
10.3 Die zweite Zeile	76
10.4 Ausfüllen	77
10.5 Zeilen zählen	78
10.6 Werte variieren	78

11. Die Finanzformel RMZ	**79**
11.1 Das Eingabemenü	80
11.2 Erläuterungen	80
11.3 Die Funktion	81
11.4 Excel-Kreditvorlage	82

12. Ein Sparbrief	**83**
12.1 Betrag ansparen	83
12.2 Die Sparraten ermitteln	84
12.3 Sparen in Handarbeit	85
12.4 Hilfe für die Formeln	86

4. Teil..**87**

ERWEITERTE FORMATIERUNGEN 87

13. Ausblenden, Zeichnen	**89**
13.1 Ausblenden	89
13.2 Zeichnen im Excel	90
13.3 AutoFormat	92

14. Zwischenablage, ClipArts	**93**
14.1 Die Zwischenablage	93
14.2 ClipArts oder Fotos einfügen	94
14.3 Mappe freigeben und schützen	95

15. Die Excel-Vorlagen	**97**
15.1 Vorlage auswählen	97
15.2 Umgang mit einer Vorlage	98
15.3 Vorlage anpassen	99
15.3.1 Artikel zur Auswahl speichern	100
15.4 Blatt schützen und Bereiche freigeben	100
15.4.1 Andere Schutzmaßnahmen	102
15.5 Als Vorlage speichern	102

16. Formatvorlagen in Excel	**103**
16.1 Eine neue Formatvorlage	104
16.2 Formatvorlage zuweisen	104
16.2.1 Formatvorlage einstellen oder ändern	105
16.2.2 Übung fertig stellen	106
16.2.3 Formatvorlage wechseln	107
16.2.4 Währungsformat	107
16.3 Die Zahlen formatieren	107
16.4 Vorteile der Formatvorlagen	108

5. Teil..**109**

ERWEITERTE ANWENDUNGEN.........................**109**

17. Eine Versuchsreihe	**111**
17.1 Auswertung mit Excel	111
17.2 Runden	113
17.3 Formeln kopieren	113
17.4 Fehlermeldungen im Excel 2010	114

18. Ein Diagramm erstellen	**115**
18.1 Als neues Blatt	118
18.2 Übersicht Diagrammfunktionen	119
18.3 Werte ergänzen oder löschen	119
18.4 Abschlussübung	121

19. Weitere Übungen	**123**
19.1 Eine Reisekostenabrechnung	123
19.2 Währungstabelle	124
19.3 Notenauswertung mit SVerweis	125
19.4 Monatsgehälter mit Prämien	127
19.5 Logik	129
19.6 Trendberechnung	131

20. Pivot-Tabelle	**133**
20.1 Übungstabelle erstellen	133
20.2 Übersicht Formel-Menü	136
20.3 Namen definieren	136

21. Externe Daten, Überwachung	**139**
21.1 Externe Daten	139
21.2 Aus- und Einblenden	141
21.3 Formelüberwachung	142
21.4 Zellen überwachen	143
21.5 Gültigkeitsregeln	143

22. Index	**145**

1. Teil

Grundlagen

Allgemeine Abkürzungen:

Dateien:	
[Strg]-s	Speichern
[Strg]-p	Drucken
[Strg]-f	Suchen
[Strg]-k	Hyperlink einfügen
Datum und Uhrzeit:	
[Strg]-[.]	Datum einfügen.
[Strg]-[Um-schalt]-[.]	Uhrzeit einfügen.
Rückgängig, Kopieren:	
[Strg]-z	Rückgängig
[Strg]-x, c, v	Ausschneiden, Kopieren, Einfügen.
Wichtige Tasten:	
[F1]	Hilfe
[Esc]	Abbrechen, ohne Änderung verlassen.
[Alt]-[Return]	Neue Zeile in Zelle erzwingen.

1. Programme und Fenster

1.1 Excel starten

➤ Klicken Sie auf das Windows Symbol. Beachten Sie:

    ↳ **Maustaste loslassen,** das Startmenü bleibt geöffnet und Sie können sich mit der Maus durch die Menüs bewegen (ohne zu drücken!).

    ↳ Erst wieder drücken, wenn das gewünschte Programm gefunden ist.

Auf jedem Rechner sind andere Programme installiert, aus diesem Grund gibt es andere Starteinträge.

♦ **Excel 2010** finden Sie in dem Ordner **Microsoft Office,** sofern dieses mit einem Office-Paket installiert wurde.

    ↳ Falls Sie Excel separat erworben haben, finden Sie den Starteintrag direkt unter „Alle Programme".

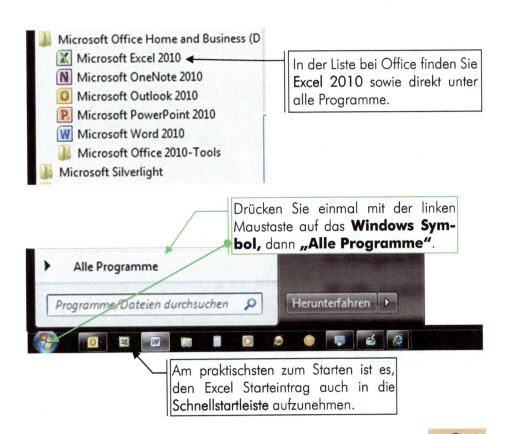

1.1.1 Die Schnellstartleiste

Wir empfehlen, wenn Sie sehr oft mit MS Excel arbeiten, ein Symbol in der **Schnellstartleiste** einzurichten.

- ♦ Die Schnellstartleiste ist im Windows 7 automatisch aktiviert, deren Einträge sind gleich rechts neben dem Windows Symbol.

- ♦ Den Excel-Starteintrag bei **Start-Alle Programme-Microsoft...** mit gedrückter linker Maustaste nach unten in die Schnellstartleiste neben Start ziehen.

  - ✎ Erst die Maus loslassen, wenn „**Anheften an die Taskleiste**" eingeblendet wird. Ohne diese Meldung sind Sie noch nicht an der richtigen Position und würden den Starteintrag verschieben. Ggf. mit [Esc] abbrechen

Ein Excel-Eintrag in der Schnellstartleiste stört nicht so wie eine Verknüpfung auf dem Bildschirm.

1.2 Eingabe in Excel

- ➢ Starten Sie **Excel 2010**. Automatisch ist ein Tabellenblatt geöffnet.

- ♦ In ein anderes **Tabellenfeld** kommen Sie
  - ✎ mit den **Richtungstasten**,
  - ✎ mit **Return** oder mit der **[Tab]-Taste**.
  - ✎ Die einfachste Methode ist, mit der **Maus** das gewünschte Feld anzuklicken.

1.2.1 Die erste Tabelle

- ➢ **Schreiben** Sie folgendes Telefon-Durchwahlverzeichnis als Ihre erste Tabelle:

Walter	Schalter	Technik	222
Heinz	Chef	Leitung	111
Dietmar	Fleißig	Vertrieb	232
Eleonore	Neu	Leitung	123
Sepp	Kraxel	Applikation	321
Gabi	Gaban	Kundendienst	254
Enter	Taste	ETV	214
Tatiana	Schmidt	Vertrieb	253
Anton	Kanton	Vertrieb	254
Anton	Überflüssig	Leitung	287

1.2.2 Fehler korrigieren

Sie können eine Zelle anklicken und mit der [**Entf**]-Taste den Inhalt komplett **löschen**. Um den Inhalt zu korrigieren, gibt es zwei Varianten:

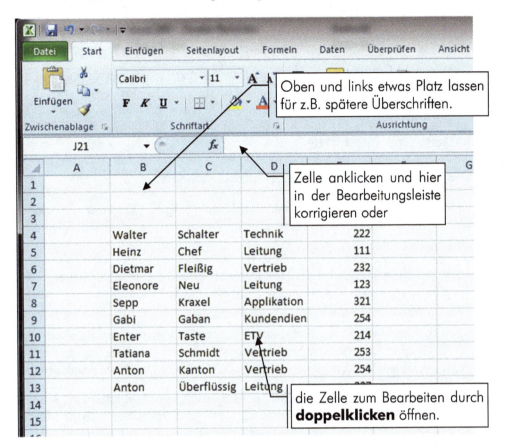

Wenn der Cursor an der richtigen Stelle blinkt (Cursor mit der Maus oder den Richtungstasten versetzen), können Sie wie gewohnt mit der **[Rück]-Taste** oder der **[Entf]-Taste** löschen.

Korrigieren Sie:

> Walter Schalter zu Walter Malter und

> ETV zu EDV.

1.2.3 Eintrag ersetzen

Hierfür reicht es aus, das betreffende Feld einmal anzuklicken. Der alte Text wird beim Schreiben durch den neuen ersetzt:

> Ersetzen Sie: Enter Taste zu Ben Taste.

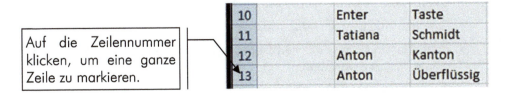

Zusammenfassung:

- ♦ zum **Ändern** eines Eintrages mit der Maus doppelklicken,

- ♦ zum **Ersetzen** Feld einmal anklicken, neuen Eintrag schreiben,

- ♦ zum **Löschen** einmal anklicken und die [Entf]-Taste drücken.

➢ Löschen Sie den Eintrag Anton Überflüssig komplett. Hierfür links auf die Zeilennummer 13 klicken, um die ganze Zeile zu markieren.

1.3 Über die Befehle

1.3.1 Die neue Symbolleiste - Multifunktionsleiste

Excel bietet sehr viele Möglichkeiten und Einstellungen. Diese müssen irgendwie zugänglich gemacht werden. Mit der Zeit wurden es sehr viele Symbole und Befehle.

- ♦ In Office 2000 und 2003 wurde versucht, diese übersichtlicher anzuordnen, indem nicht benutzte Symbole und Befehle automatisch ausgeblendet wurden.

  ↳ Der Nachteil lag darin, dass nach selten verwendeten Befehlen umständlicher gesucht werden musste, da sich die Reihenfolge der Befehle ständig änderte und Befehle auf einmal verschwunden waren.

- ♦ Darum wurde ab **Office 2007** ein neuer Weg eingeschlagen, indem statt der Befehls- und Symbolleiste nur noch eine kombinierte Symbolleiste, in der die meisten Symbole beschriftet sind, eingeführt wurde.

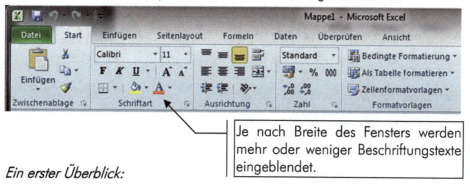

Je nach Breite des Fensters werden mehr oder weniger Beschriftungstexte eingeblendet.

Ein erster Überblick:

- ♦ **Start**: Kopieren und Einfügen, Schrift- und Absatzformatierungen …

- ♦ **Einfügen**: neue Seite, Tabelle, Grafik, Diagramm usw. einfügen …

- ♦ **Seitenlayout**: Seitenformat und Absatzeinstellungen …

- ♦ **Formeln**: Formeln oder Datum einfügen, Querverweise …

- ♦ **Daten**: Sortieren, Verbindungen, Filtern, Duplikate …

- ♦ **Überprüfen**: Rechtschreibprüfung, Schützen, Freigeben …

- ♦ **Ansicht**: Ansichtsart, Fenster, Makros …

- ♦ **Entwicklertools** (muss aktiviert werden): Makro aufzeichnen, Steuerelemente einfügen, Ausführen …

1.3.2 Standardaktionen Öffnen, Speichern, Rückgängig

Gleich oben sowie bei **Datei** finden Sie Standardaktionen.

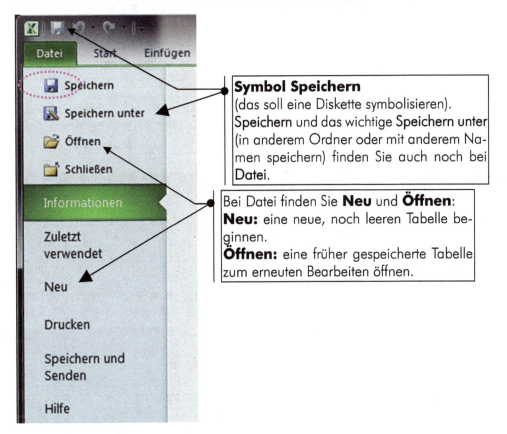

Symbol Speichern
(das soll eine Diskette symbolisieren).
Speichern und das wichtige **Speichern unter**
(in anderem Ordner oder mit anderem Namen speichern) finden Sie auch noch bei
Datei.

Bei Datei finden Sie **Neu** und **Öffnen**:
Neu: eine neue, noch leeren Tabelle beginnen.
Öffnen: eine früher gespeicherte Tabelle zum erneuten Bearbeiten öffnen.

1.3.3 Beispiel Symbole

Zuerst die richtige **Karteikarte** wählen, hier **Start**, dann finden Sie Symbole und
Abrollmenüs:

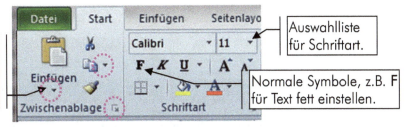

Wenn ein kleiner Pfeil
vorhanden ist, können
weitere Auswahloptionen
gewählt werden.

Auswahlliste
für Schriftart.

Normale Symbole, z.B. **F**
für Text fett einstellen.

♦ **Infotext** zu den Symbolen:
  ↳ Setzen Sie die Maus auf ein Symbol. Lassen Sie die Maus los.
  ↳ Nach kurzer Zeit wird angezeigt, was das Symbol bedeutet.
  ↳ Bewegen Sie die Maus zu den anderen Symbolen, so wird auch deren
    Bedeutung gemeldet.

♦ Als Alternative gibt es **Tastaturabkürzungen,** z.B.:
  ↳ **[Strg]-n:** neuen Text beginnen,
  ↳ **[Strg]-o:** vorhandenen Text öffnen und
  ↳ **[Strg]-s:** aktuellen Text speichern.

1.3.4 Befehl, Symbol oder Shortcut

Sie finden oben in der Menüleiste alle Befehle unter Sammelbegriffen (=Menüs) einsortiert, z.B. bei Datei alle Befehle, die die ganze Datei betreffen wie Speichern usw. Darunter das Symbolband mit den wichtigsten Aktionen, dann die Bearbeitungsleiste.

Menüleiste: eine Vorauswahl treffen, z.B. Formeln, wenn Sie eine Formel erstellen wollen. Damit werden die passenden Symbole und Abrollmenüs angezeigt.

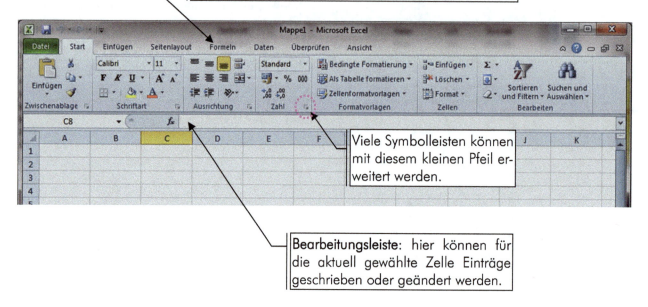

Viele Symbolleisten können mit diesem kleinen Pfeil erweitert werden.

Bearbeitungsleiste: hier können für die aktuell gewählte Zelle Einträge geschrieben oder geändert werden.

Notizen: ....
....
....
....
....
....
....
....
....
....
....
....
....
....

2. Speichern und Ordner

Viel Arbeit steckt meist in jeder Tabelle (genauer: Arbeitsmappe). Also wird es Zeit, das Speichern zu behandeln.

- ◆ Die Daten existieren bisher nur im **Arbeitsspeicher**.
  - ✎ Dieser funktioniert elektrisch, daher ist alles verschwunden, sobald der Rechner ausgeschaltet wird, wenn wir nicht dauerhaft auf einem Datenträger speichern, z. B. auf **Festplatte** oder USB-Stick.

2.1 Äußerst wichtiges Grundwissen

- ◆ Jede gespeicherte Arbeitsmappe wird eine **Datei**.
  - ✎ Zur Unterscheidung erhält jede Datei einen **Dateinamen**.
  - ✎ **Dateinamen** können bis zu 255 Buchstaben lang sein.
  - ✎ Wählen Sie einen Dateinamen, an dem Sie später die Datei möglichst gut identifizieren können.

- ◆ Dem Dateinamen wird automatisch eine **Dateiendung** angehängt.
  - ✎ Anhand dieser Dateiendung sehen wir, ob es sich um einen Text (z.B. **docx**), eine Grafik (z.B. **cdr**) oder eine Excel-Arbeitsmappe mit der Endung **xlsx** (früher xls) handelt.
  - ✎ Dateiendungen sind im Windows nach einer Standardinstallation nicht sichtbar. Wie Sie diese aktivieren können, steht in unserem Windows-Buch. In Kürze: im Windows Explorer Organisieren-„Ordner- und Suchoptionen" wählen, dort auf der Karteikarte Ansicht den Punkt „Erweiterungen bei bekannten Dateitypen ausblenden" abschalten.

- ◆ Auf einer einzigen Festplatte kann eine ganze Bibliothek abgespeichert werden. Damit wir den Überblick behalten,
  - ✎ werden Dateien in passende **Ordner** einsortiert, so wie z.B. herkömmliche Papierunterlagen in einen Ordner mit entsprechender Aufschrift abgeheftet werden.
  - ✎ Genauso im Computer, weshalb wir vor dem Speichern einen **neuen Ordner** für unsere Übungsdateien erstellen werden.
  - ✎ Ein neuer Ordner wird natürlich nur einmalig für eine neue Art von Dateien erstellt, z.B. einen Ordner für unsere Übungen.

Bitte nicht gedankenlos irgendwo auf die Festplatte speichern! Nach einiger Zeit haben Sie ein Chaos aus Hunderten Dateien! Dateien, die versehentlich in einem falschen Ordner gespeichert wurden, finden Sie nur schwer wieder!

2.2 Neuer Ordner

Speichern wir unsere Telefonliste. Aber wohin speichern?

♦ Beim ersten Speichern werden Sie nach dem **Dateinamen** und nach dem **Speicherort** (auf welchen Datenträger, in welchen Ordner?) gefragt.

  ↳ Wir wollen alle Excel-Übungen, die wir im Folgenden erstellen werden, in einen **neuen Ordner** zusammen speichern.

  ↳ Darum werden wir zunächst diesen neuen Ordner erstellen.

Das geht seit Windows 95 sehr einfach, nämlich direkt in dem **Speichern-** sowie auch in dem **Öffnen-Fenster**.

➢ Drücken Sie auf das Symbol für **Speichern** (oder [Strg]-s):

Hier wird angezeigt, in welchen Ordner wir speichern würden:
die Voreinstellung ist der Ordner „**Bibliotheken/Dokumente**".
In diesem Ordner werden wir einen **Unterordner** erstellen, um dort alle unsere Excel-Übungen zusammen abzulegen.

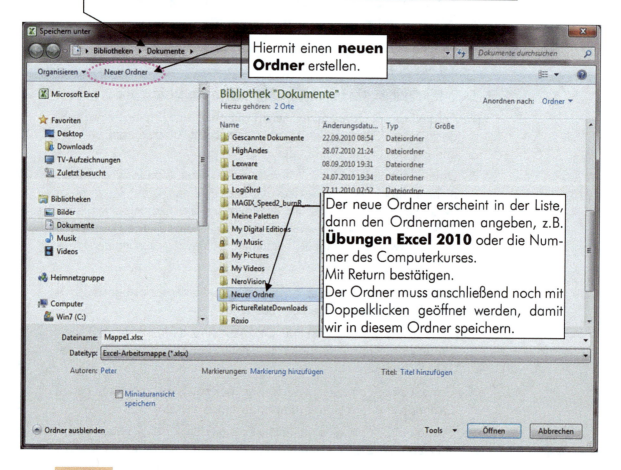

Hiermit einen **neuen Ordner** erstellen.

Der neue Ordner erscheint in der Liste, dann den Ordnernamen angeben, z.B. **Übungen Excel 2010** oder die Nummer des Computerkurses.
Mit Return bestätigen.
Der Ordner muss anschließend noch mit Doppelklicken geöffnet werden, damit wir in diesem Ordner speichern.

> Hier ist der neue **Ordner „Übungen Excel 2010"** bereits mittels Doppelklicken geöffnet und wird oben angezeigt, so dass der **Dateiname** eingegeben werden kann:

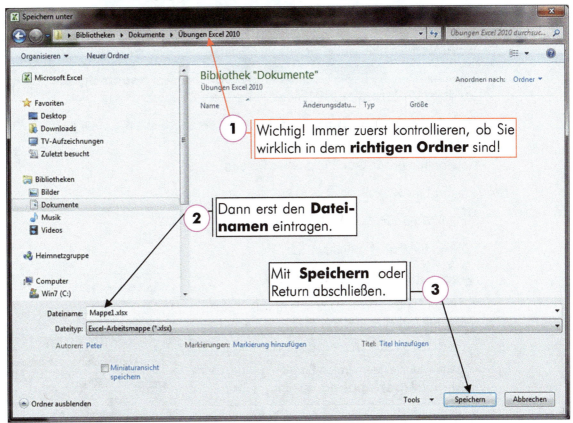

> Die Dateiendung xlsx wird von Excel automatisch ergänzt.

2.3 Datei schließen

Was wollen Sie beenden? Das ganze Excel oder die aktuelle Telefontabelle?

♦ Zum Beenden ist das ☒-Symbol rechts oben zuständig:

> **Verlassen** Sie Excel.

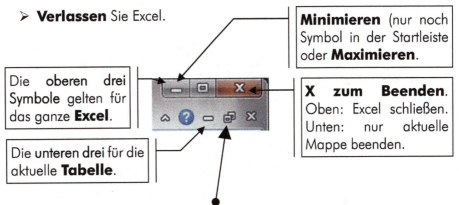

Das **mittlere Symbol** wechselt: Vollbild (maximiert) oder **Fenster**. Je nachdem, was aktuell gewählt ist, wird die andere Option angezeigt.

2.4 Abschlussübung

Zur Routine eine Übung für diesen grundlegenden Stoff.

Datei erstellen:

➤ **Erstellen** Sie eine kleine weitere Telefonliste.

➤ Speichern Sie die Liste als *„Telefonliste privat"* in einem **neuen Unter-ordner „Telefonlisten"** (immer in unserem Übungsordner!).

➤ Erstellen Sie mit **Speichern unter** eine Sicherungskopie auf einer Dis-kette oder USB-Stick mit dem Namen:

Telefonliste privat, Stand (aktuelles Datum).

Fenstertechnik im Windows:

➤ Schalten Sie Excel auf **Vollbildgröße**.

➤ Öffnen Sie **Paint** (Windows-Taste).

➤ **Wechseln** Sie zu Excel ([Alt]-[Tab]).

➤ Ordnen Sie Excel und Paint so an, dass Paint die linke Bildschirmhälfte und Excel die rechte ein-nimmt.

➤ Rechte Maustaste im freien Bereich auf der Start-leiste und **Überlappend** wählen.

> Überlappend, Gestapelt und Nebeneinan-der ausprobieren. Desktop anzeigen ver-kleinert alle Programme.

Fenstertechnik im Excel:

➤ Schließen Sie Paint, stellen Sie **Excel** auf Vollbild und öffnen Sie zusätzlich die erste Telefonliste.

➤ Ordnen Sie beide Telefonlisten so an: die eine oben, die andere unten (Fenster erst verkleinern).

➤ Beide Listen auf Vollbild schalten und bei Ansicht-Fenster wechseln zu der anderen Telefonliste wechseln.

➤ Wählen Sie im Excel **Fenster-Alle Anordnen**.

> Auch ausprobieren. Wenn zwei Map-pen geöffnet sind, können Sie diese z.B. horizontal, d.h. untereinander anordnen, um von einer in die an-dere zu kopieren. Oder vertikal (=nebeneinander).

➤ **Beenden** Sie Excel.

3. Arbeitsmappe und Tabellen

Vieles erklärte sich bei der Telefonliste im vorigen Kapitel von selbst. Jetzt folgt ein Überblick über Excel, mit der ersten Formel anhand einer Übung.

3.1 Was ist Excel?

Excel ist ein sogenanntes **Tabellen-Kalkulations-Programm**. Das heißt, wir können Daten eingeben und automatisch Berechnungen durchführen lassen, z.B. für eine Rechnung:

Artikel	E-Preis	Stück	Preis
Bleistifte	0,99	3	2,97 €
Radierer	2,50	2	5,00 €
		Gesamt:	7,97 €

Damit Excel weiß, welche Daten zusammengehören, werden diese in **Tabellen** eingetragen (siehe Beispiel), daher der Name Tabellenkalkulation.

Kleiner Überblick:

- ♦ **Betriebssystem:** Windows (98, ME, NT, XP, Vista, 7), OS/2, Unix …
- ♦ **Textverarbeitung:** MS Word, Text Maker, WordPerfect, Word Pro …
- ♦ **Tabellenkalkulation:** Excel, Lotus 1-2-3, StarCalc …
- ♦ **Datenbank:** Access, dBase, FoxPro …

3.2 Unterschied Datenbank-Kalkulation

Folgende Einteilung soll den Unterschied zwischen einem Datenbank- und Kalkulationsprogramm verdeutlichen:

- ♦ In einem **Datenbankprogramm** (z.B. MS Access) werden überwiegend Daten (Adressen, Telefonnummern …) gesammelt, um diese z.B. für Serienbriefe zu verwenden.

- ♦ In einem **Kalkulationsprogramm** (z.B. Excel) sollen hauptsächlich Berechnungen durchgeführt werden, z.B. Verkaufsübersichten, Rechnungen, stat. Auswertungen, Vergleich Leasing oder Kauf usw.

3.3 Die Arbeitsmappe

Damit Excel weiß, welche Werte z.B. addiert werden sollen, werden die Daten in **Tabellen** eingetragen.

Und weil sehr oft mehrere Berechnungen zu einem Projekt gehören, können mehrere Tabellen in einer **Arbeitsmappe** angelegt werden. Die einzelnen Tabellen werden **Blätter** genannt.

Blätter

➢ **Öffnen** Sie den Übungstext Telefonliste.

➢ Wählen Sie „**Fenster wiederherstellen**", damit Sie die Telefonliste wie abgebildet sehen:

Bitte beachten, dass im **Balken** der Name angezeigt wird. Hilft, den Überblick zu bewahren.

Hier können Sie die gesamte Tabelle markieren.

Ist das Datenbankfenster verkleinert, befinden sich die **Symbole** im Balken des Fensters.

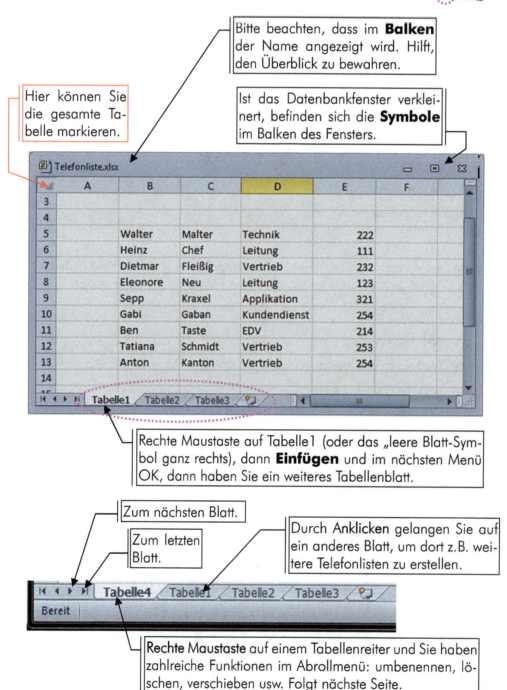

Rechte Maustaste auf Tabelle1 (oder das „leere Blatt-Symbol ganz rechts"), dann **Einfügen** und im nächsten Menü OK, dann haben Sie ein weiteres Tabellenblatt.

Zum nächsten Blatt.

Zum letzten Blatt.

Durch Anklicken gelangen Sie auf ein anderes Blatt, um dort z.B. weitere Telefonlisten zu erstellen.

Rechte Maustaste auf einem Tabellenreiter und Sie haben zahlreiche Funktionen im Abrollmenü: umbenennen, löschen, verschieben usw. Folgt nächste Seite.

3.4 Blätter ergänzen und löschen

Da solche leeren Tabellenblätter keinen Speicherplatz beanspruchen, stören diese leeren Blätter nicht, können jedoch benutzt werden, um das aktuelle Projekt zu erweitern, z.B. für weitere Telefonlisten.

So können Sie ein Blatt löschen:

> ➢ Ergänzen Sie noch ein Tabellenblatt.
> ➢ Blättern Sie zu dem neuen **Tabellenblatt**.

Hierauf **rechte Maustaste**, dann **löschen**. Achtung! Inhalt eines Tabellenblatts wird mit gelöscht!!!

Die Befehle wären im Menü **Start**, doch mit der **rechten Maustaste** auf einem Tabellenreiter sind diese viel einfacher zugänglich:

> ♦ **Einfügen...** neues Blatt ergänzen, mit Return ein Standard-Tabellenblatt bestätigen.

Damit wird ein neues Tabellenblatt ergänzt, möglicherweise aber nicht an der richtigen Position.

Blätter verschieben:

> ➢ Fassen Sie das neue Tabellenblatt an (Maus gedrückt halten) und **ziehen** Sie es hinter Blatt 2, dort Maus loslassen (Pfeil beachten).

Sie können auch mehrere Blätter gleichzeitig verschieben, wenn Sie diese markiert haben.

Mehrere Blätter ergänzen:

> ➢ **Markieren** Sie Tabelle 2 und 3. Wenn Sie die [Strg]-Taste gedrückt halten, können Sie mehrere Tabellenblätter anklicken und markieren.
> ➢ Dann rechte Maustaste unten auf dem Tabellenreiter und **Einfügen,** anschließend **Tabellenblatt** wählen.
> ➢ Die zwei neuen Blätter markieren und ans Ende schieben.

So könnten Sie mehrere überflüssige Blätter löschen:

> ➢ **Markieren** Sie Blatt 3 bis 5 mit der Maus ([Strg]-Taste drücken).
> ➢ Jetzt wieder **rechte Maustaste-löschen** wählen.

Blätter umbenennen:

> ♦ Entweder auf einem Tabellenreiter die **rechte Maustaste** drücken und in dem erscheinenden Menü **umbenennen** wählen oder
> ♦ auf den Tabellenreiter **Doppelklicken**, dann überschreiben,
> ↳ oder noch einmal klicken, um den Namen gezielt zu korrigieren.
> ➢ Benennen Sie das erste Tabellenblatt in „Haus 1" um:

3.5 Zeilen und Spalten

Nun werden wir uns die Tabelle etwas genauer ansehen.

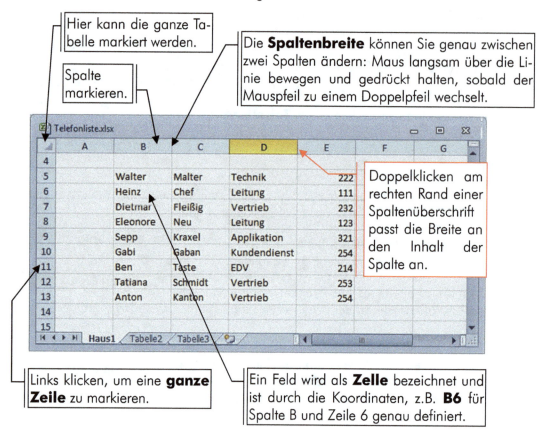

Hier kann die ganze Tabelle markiert werden.

Spalte markieren.

Die **Spaltenbreite** können Sie genau zwischen zwei Spalten ändern: Maus langsam über die Linie bewegen und gedrückt halten, sobald der Mauspfeil zu einem Doppelpfeil wechselt.

Doppelklicken am rechten Rand einer Spaltenüberschrift passt die Breite an den Inhalt der Spalte an.

Links klicken, um eine **ganze Zeile** zu markieren.

Ein Feld wird als **Zelle** bezeichnet und ist durch die Koordinaten, z.B. **B6** für Spalte B und Zeile 6 genau definiert.

Übung:

> **Verkleinern** Sie die Spalte E mit den Telefon-Durchwahlnummern.

> **Verbreitern** Sie die Spalte D mit der Abteilung.

3.6 Die Bezeichnungen der Spalten und Zeilen

Wenn Sie das vorige Fenster betrachten, ist z.B. Herr Fleißig eindeutig definiert: in der **Spalte C und Zeile 7**, in der Excel-Sprache C7. Diese Koordinaten sind später bei der Formeleingabe wichtig.

Einige Excel-Puristen stellen die Bezeichnung der Spalten um, so dass auch diese mit Zahlen nummeriert sind. Herr Fleißig wäre dann in Zeile 7 und Spalte 3, kurz: **Z7S3**.

Je schwieriger die Berechnungen werden, umso wichtiger ist es, den Überblick zu behalten. Weil auf manchen Schulungsrechnern die numerische Spaltenbezeichnung eingestellt wurde (der Standard nach der Installation ist A, B, C usw.), folgt jetzt der Hinweis, wie Sie dies zurückstellen könnten.

> Das geht bei Datei, dann Optionen und dort

> bei **Formeln** – falls aktiviert – die Bezugsart **Z1S1** ausschalten.

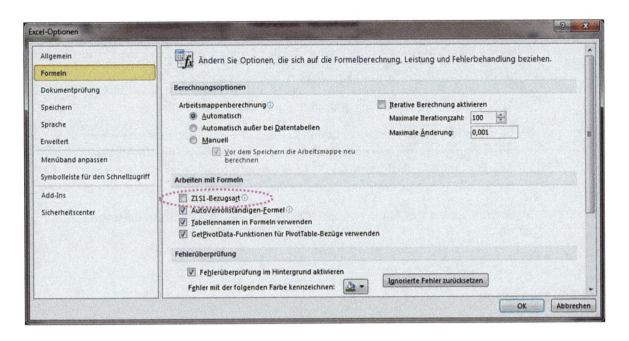

3.7 Kopieren und Verschieben

♦ Viele Aktionen können auf diesen Wegen gestartet werden:

🖐 Mit der **rechten Maustaste** auf dem zu kopierenden Element oder

🖐 im Menü mit den Symbolen, hier z.B. für **Ausschneiden**, **Kopieren** oder **Einfügen**:

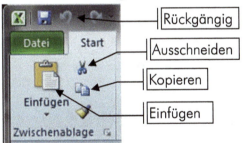

Außerdem gibt es oft noch Tastaturabkürzungen für besonders schnelle Aktionen, z.B. [Strg]-x für Ausschneiden, [Strg]-c für Kopieren und [Strg]-v für Einfügen.

Die Funktionsweise:

♦ **Ausschneiden** kopiert das Markierte in den Arbeitsspeicher und löscht das Original, während beim

♦ **Kopieren** das Original erhalten bleibt.

♦ Bei beiden Befehlen kann das in den Arbeitsspeicher Kopierte anschließend beliebig oft **eingefügt** werden.

🖐 **Eingefügt** wird immer an der aktuellen Cursorposition.

🖐 Ist etwas **markiert**, so wird das Markierte beim Einfügen ersetzt!

♦ In der Abrollliste beim Einfügen-Symbol finden Sie **Inhalte einfügen**: es kann gewählt werden, ob z.B. alles, nur der Wert, die Formel oder die Formatierung eingefügt werden soll.

Was kopiert werden soll, muss zuerst markiert werden.

3.7.1 Zeile kopieren

➢ **Markieren** Sie die Zeile Nr. 8, indem Sie links davon auf dem Zeilen-rand klicken, dann Symbol **Kopieren** drücken.

➢ Nun die nächste leere Zeile markieren und **Einfügen** betätigen.

➢ Beachten Sie, dass der vorhandene Eintrag überschrieben wurde! Also Rückgängig, dann diese nächste Zeile markieren und rechte Maustaste-Zellen einfügen. Jetzt kann die Zeile 8 erneut kopiert und in die neue leere Zeile eingefügt werden. Mehr zu diesem Problem folgt.

➢ Ändern Sie bei der Kopie nur den Vornamen und die Durchwahltelefon-nummer.

3.7.2 Umstellen

Jetzt geht es ans Umstellen. Dabei ist folgendes zu beachten:

♦ Zuerst Zeilen oder Spalten markieren, rechte Maustaste auf der Markie-rung, dann **Ausschneiden** drücken.

   ↳ Diese Daten merkt sich Excel. Um Datenverlust vorzubeugen, werden diese jedoch erst ausgeschnitten, sobald Sie die Daten an einer an-deren Stelle einfügen.

♦ Der nächste Schritt birgt eine **Gefahr**, denn wenn Sie Zeilen oder Spal-ten mit vorhandenen Daten **markieren**,

   ↳ dann Einfügen drücken, so werden die vorhandenen Daten über-schrieben, also **gelöscht**!

   ↳ Falls dies ungewollt passiert, ist **Rückgängig** die Rettung!

> Vorhandene, markierte Daten werden mit Einfügen gelöscht!

Nur mit dieser Vorgehensweise werden vorhandene Daten nicht überschrie-ben:

♦ Die Zeile oder Spalte, vor der die Daten eingefügt werden sollen, **mar-kieren**,

♦ dann auf der Markierung die **rechte Maustaste** drücken und „**Aus-geschnittene** (oder ggf. kopierte) **Zellen einfügen**" wählen.

   ↳ Alternative: zuerst eine leere Zeile einfügen, indem Sie die Spalte markieren, vor der eine Leerzeile eingefügt werden soll, dann rechte Maustaste darauf und „Kopierte Zellen einfügen".

Probieren Sie dies auch noch aus:

➢ Verschieben Sie die **Spalte** mit den Nachnamen an die erste Stelle, also vor die Spalte mit den Vornamen. Auch hierfür ist die oben beschriebene Vorgehensweise erforderlich.

4. Der Excel-Bildschirm

In diesem Kapitel wird die Oberfläche von Excel vorgestellt und dabei auf wichtige Bereiche aufmerksam gemacht.

4.1 Schnellzugriffsleiste und Statuszeile

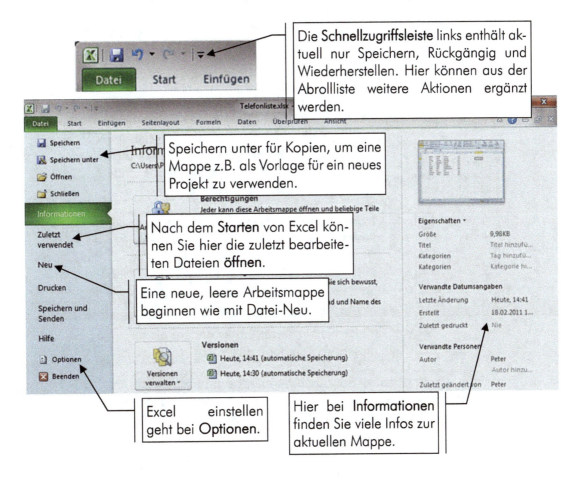

Die **Schnellzugriffsleiste** links enthält aktuell nur Speichern, Rückgängig und Wiederherstellen. Hier können aus der Abrollliste weitere Aktionen ergänzt werden.

Speichern unter für Kopien, um eine Mappe z.B. als Vorlage für ein neues Projekt zu verwenden.

Nach dem **Starten** von Excel können Sie hier die zuletzt bearbeiteten Dateien **öffnen**.

Eine neue, leere Arbeitsmappe beginnen wie mit Datei-Neu.

Excel einstellen geht bei **Optionen**.

Hier bei **Informationen** finden Sie viele Infos zur aktuellen Mappe.

Ansichtsart wechseln: Normal, Seitenlayout oder Umbruchvorschau.

Tabellenblatt wählen, umbenennen usw.

Zoom-Schieber, um die Anzeige zu vergrößern oder verkleinern.

4.2 Einige wichtige Symbole

Hier wird die **Cursorposition** angegeben:
Spalte C, Zeile 13.
Zusätzlich wird bei Excel XP die aktuelle Zeile und
Spalte links und oben schön farbig hervorgehoben.
Das ist später bei der Formeleingabe nützlich.

Das **Hilfe-Fenster**
öffnen.

Letzte Aktionen **rückgängig**
machen, daneben die andere
Richtung: **wiederherstellen**.

Je nach Breite des Excel-Fensters
werden Beschriftungstexte angezeigt oder reduziert.

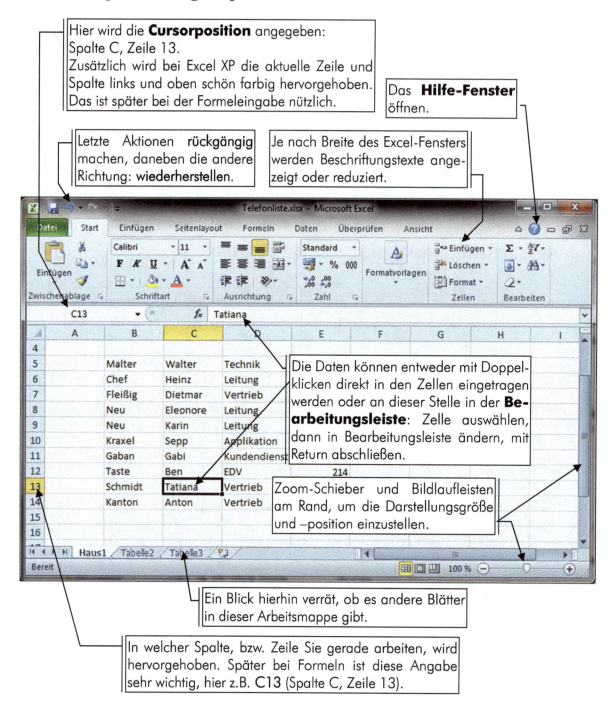

Die Daten können entweder mit Doppelklicken direkt in den Zellen eingetragen
werden oder an dieser Stelle in der **Bearbeitungsleiste**: Zelle auswählen,
dann in Bearbeitungsleiste ändern, mit
Return abschließen.

Zoom-Schieber und Bildlaufleisten
am Rand, um die Darstellungsgröße
und –position einzustellen.

Ein Blick hierhin verrät, ob es andere Blätter
in dieser Arbeitsmappe gibt.

In welcher Spalte, bzw. Zeile Sie gerade arbeiten, wird
hervorgehoben. Später bei Formeln ist diese Angabe
sehr wichtig, hier z.B. **C13** (Spalte C, Zeile 13).

Über die Hilfe:

♦ Wenn Sie die **Maus** kurz auf einem Symbol ruhen lassen, wird eine kurze
   Beschreibung angezeigt.

♦ Bei dem **Fragezeichen-Symbol** wird das Hilfe-Handbuch geöffnet, in
   dem Sie sortierte Hilfetexte finden sowie nach einem Stichwort Hilfetexte
   suchen lassen können.

4.3 Die Spalten sortieren

Nach der vorigen Übung ist die Spalte mit den Nachnamen an erster Position. Mit diesem Symbol im Menü Start können Sie sortieren:

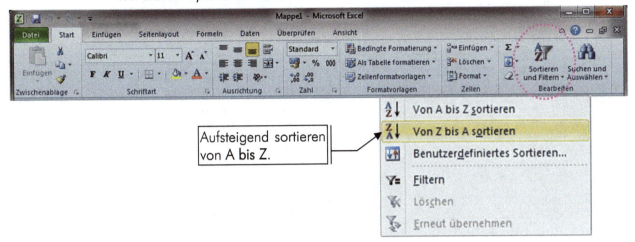

Aufsteigend sortieren von A bis Z.

Wenn nur eine Spalte markiert ist, erscheint diese Meldung:

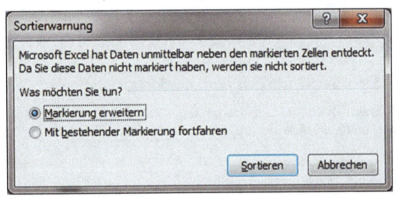

♦ Prüfen Sie, ob Sie wirklich nur den markierten Bereich oder die ganze Tabelle sortieren wollen, dann mit „Markierung erweitern" weiter,

🖑 damit die Tabelle komplett zeilenweise sortiert wird.

Sie können das Rückgängig- und Wiederherstellen-Symbol benutzen, um die korrekte Sortierung zu überprüfen.

➤ Sortieren Sie nach den Nachnamen, dann nach der Telefonnummer mit „Benutzerdefiniertes Sortieren", dann die Sortierung rückgängig machen.

4.4 Tabelle formatieren

Die Telefonliste ist nun fast fertig und sollte vor dem Ausdruck noch verschönert werden. Selbstverständlich können wir auch im Excel alles einstellen: Schriftart, -größe, -farbe …

Die Symbole für die Formatierungen sind gleich bei Start:

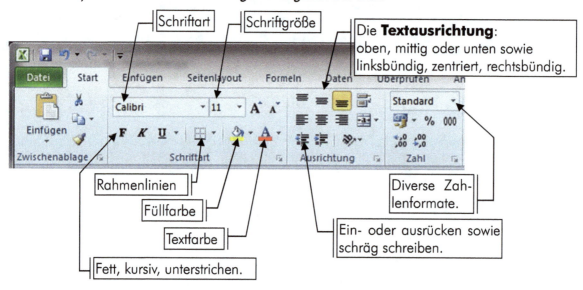

♦ Was geändert werden soll, muss zuerst **markiert** werden!

♦ Eine **Auswahlliste** wird aufgeklappt, wenn Sie den Pfeil z.B. bei Schriftart oder -größe drücken.

Formatieren Sie die Tabelle:

➢ Formatieren Sie die erste Spalte mit den **Nachnamen**: fett, Textfarbe dunkelblau, Hintergrundfarbe hellrot.

➢ Ändern Sie die Schrift in Arial. Wählen Sie für die zwei mittleren Spalten **Arial Narrow**, da diese sehr wenig Platz beansprucht.

➢ Die Spalte mit den **Durchwahlnummern** ebenfalls fett und dunkelblau einstellen, z.B. mit Format übertragen, Hintergrundfarbe orange.

➢ Dann alle Zeilen markieren und **Rahmenlinien** wählen, z.B. zuerst alle Linien, danach noch zusätzlich eine dicke Außenlinie.

So sollte es ungefähr werden:

Mit Excel sollen häufig Tabellen oder Diagramme für **Präsentationen** erstellt werden. Darum widmen wir uns ausführlich den grafischen Einstellmöglichkeiten.

Alternative: probieren Sie nun die Zellenformatvorlagen (zuerst markieren).

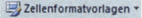

Chef	Heinz	Leitung	111
Fleißig	Dietmar	Vertrieb	232
Gaban	Gabi	Kundendienst	254
Kanton	Anton	Vertrieb	254
Kraxel	Sepp	Applikation	321
Malter	Walter	Technik	222
Neu	Eleonore	Leitung	123
Neu	Karin	Leitung	124
Schmidt	Tatiana	Vertrieb	253
Taste	Ben	EDV	214

4.5 Die Seitenansicht

Vor jedem Ausdruck sollte die aktuelle Tabelle noch einmal in der Ansicht Seitenlayout kontrolliert werden. Nicht nur zum Überprüfen, sondern auch, weil dort das Dokument hervorragend formatiert werden kann.

➢ Auf der Karteikarte Ansicht statt Normal zu Seitenlayout umschalten.

Hier sehen Sie die Tabelle, wie diese gedruckt werden würde:

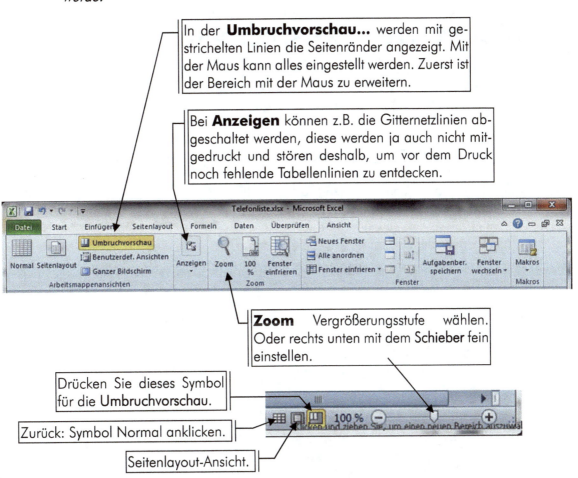

In der **Umbruchvorschau...** werden mit gestrichelten Linien die Seitenränder angezeigt. Mit der Maus kann alles eingestellt werden. Zuerst ist der Bereich mit der Maus zu erweitern.

Bei **Anzeigen** können z.B. die Gitternetzlinien abgeschaltet werden, diese werden ja auch nicht mitgedruckt und stören deshalb, um vor dem Druck noch fehlende Tabellenlinien zu entdecken.

Zoom Vergrößerungsstufe wählen. Oder rechts unten mit dem **Schieber** fein einstellen.

Drücken Sie dieses Symbol für die Umbruchvorschau.

Zurück: Symbol Normal anklicken.

Seitenlayout-Ansicht.

➢ **Probieren** Sie aus: Zoom mit dem Symbol und unten rechts mit dem Schieber, Ränder in der Umbruchvorschau mit der Maus verschieben, die Anzeige der Gitternetzlinien ausschalten.

♦ Bei der **Umbruchvorschau** können Sie festlegen, an welcher Position eine neue Seite beginnen soll, falls die Tabelle nicht auf ein Blatt passt.

↳ Vorhandene Seitenwechsel (dicke Linien) können mit der **linken Maustaste** verschoben werden,

↳ mit der **rechten Maustaste-Seitenumbruch einfügen** kann ein **Seitenwechsel** an der aktuellen Cursorposition gesetzt werden,

Im **Menü Ansicht** können Sie die Ansichtsart wählen oder zu einer anderen Arbeitsmappe wechseln.

4.6 Seite einrichten

Das Menü, um die Seite einzurichten (Papierformat, Seitenränder ...) finden Sie bei der Karteikarte **Seitenlayout**.

Hier finden Sie alle Einstellungen für die Seite: Seitenränder, Hoch- oder Querformat, Papiergröße.

Druckbereich: nur zuvor markiertes wird gedruckt. Dass nur markiertes gedruckt wird, könnte auch im Drucken-Menü eingestellt werden.

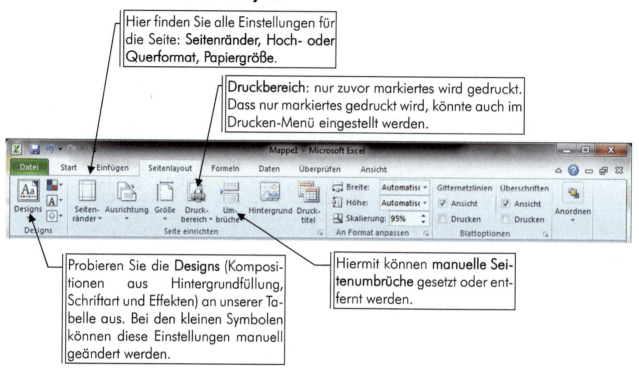

Probieren Sie die **Designs** (Kompositionen aus Hintergrundfüllung, Schriftart und Effekten) an unserer Tabelle aus. Bei den kleinen Symbolen können diese Einstellungen manuell geändert werden.

Hiermit können **manuelle Seitenumbrüche** gesetzt oder entfernt werden.

> Damit wir im Folgenden die Darstellung und Einstellungen für mehrere Seiten üben können, kopieren Sie die Adressliste und fügen diese noch sooft in der **Umbruchvorschau** ein, bis wir mehr als eine Seite Daten ohne lange Schreibarbeit haben.

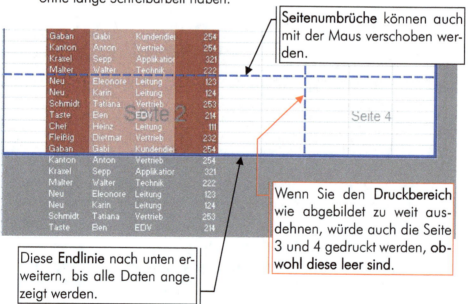

Seitenumbrüche können auch mit der Maus verschoben werden.

Wenn Sie den **Druckbereich** wie abgebildet zu weit ausdehnen, würde auch die Seite 3 und 4 gedruckt werden, **obwohl diese leer sind.**

Diese **Endlinie** nach unten erweitern, bis alle Daten angezeigt werden.

> Verschieben Sie den **Seitenumbruch** so, dass auf jeder Seite ungefähr gleich viele Einträge vorhanden sind.

4.7 Kopf- und Fußzeile

Bei der Schaltfläche **Drucktitel** gelangen Sie zu dem Menü für die Kopf- und Fußzeilen. Ein Menü mit vier Karteikarten erscheint. Beginnen wir mit der ersten:

Druck-titel

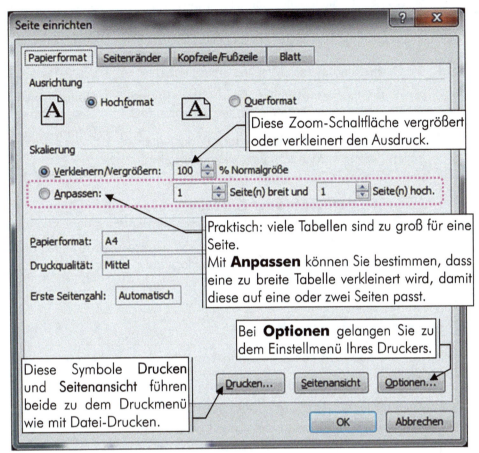

> Drucken Sie die Tabelle testweise aus.

4.7.1 Die Seitenränder

Bei **Größe** wird das Papierformat vorgegeben, die **Seitenränder** können Sie in bei der Schaltfläche Seitenränder auswählen oder manuell einstellen bei **benutzerdefinierte...**, womit Sie ins gleiche Menü wie oben abgebildet auf der Karteikarte Seitenränder landen.

- ◆ Zuweilen nützlich ist hier die Möglichkeit, eine Tabelle für den Ausdruck **horizontal oder vertikal zentrieren** zu lassen.

- ◆ Auch von anderen Schaltflächen gelangen Sie in das oben abgebildete Menü, z.B. über **Größe-Weitere Papierformate**,

- ◆ und vom obigen Menü können Sie mit **Drucken** und **Seitenansicht** ins Menü wie bei Datei-Drucken springen (aber nicht zurück, hier hilft nur neu starten über Seitenlayout...), was anfangs für Verwirrung sorgen kann.

4.7.2 Die Kopfzeile und Fußzeile

Eine Seite ist in drei Bereiche aufgeteilt:

Kopfzeile

♦ Weil Tabellen sich über mehrere Seiten erstrecken können, gibt es einen Kopfteil, die **Kopfzeile,** die auf allen Seiten wiederholt wird.

    ↳ Hier wird der Name der Tabelle vermerkt, evtl. weitere Informationen, z.B. das Datum.

♦ Die **Daten** sind in dem Mittelteil untergebracht.

    ↳ Für diesen Bereich gelten die auf der vorigen Seite erwähnten Einstellungen der **Seitenränder**.

♦ Unten gibt es die **Fußzeile**, in der z.B. die Seitenzahlen gesetzt werden können. Weitere Informationen können ergänzt werden.

♦ Die **Größe der Kopf- oder Fußzeile** kann bei der Karteikarte **Seitenränder** eingetragenen werden:

    ↳ „Oberer Seitenrand minus Abstand der Kopfzeile vom Seitenrand" ergibt den zur Verfügung stehenden Platz, entsprechend bei der Fußzeile.

K o p f z e i l e

Daten, Daten, Daten,
Daten, Daten, Daten,
Daten, Daten, Daten,
Daten, Daten, Daten,
Daten, Daten, Daten,
Daten.

F u ß z e i l e

4.7.3 Kopf- und Fußzeile einrichten

Stellen wir die Kopfzeile gemäß unseren Wünschen ein. Dabei gibt es zwei Möglichkeiten:

♦ Die einfachere mit der Abrollliste bei **Kopfzeile**.

    ↳ Hier können Sie einen Eintrag, z.B. „Seite 1 von ?" oder den Tabellennamen auswählen, der dann zentriert angeordnet wird.

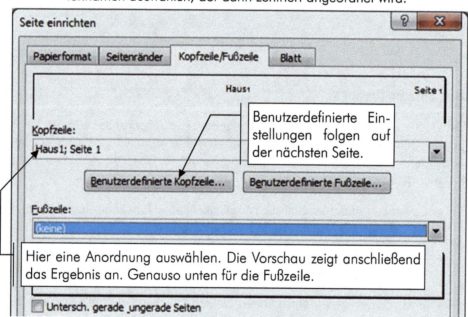

Sollen mehrere Einträge in einer Kopf- oder Fußzeile platziert werden, können Sie die Schaltfläche „**benutzerdefinierte Kopfzeile**" oder „benutzerdefinierte Fußzeile" wählen.

♦ Damit können verschiedene Einträge entweder **links, zentriert oder im rechten Bereich** der Kopf- oder Fußzeile angeordnet werden.

Hier ist schon mit **&Register** angegeben, dass der Name des Blattes, hier Tabelle 1, in der Kopfzeile steht. Die weiteren Symbole bedeuten:

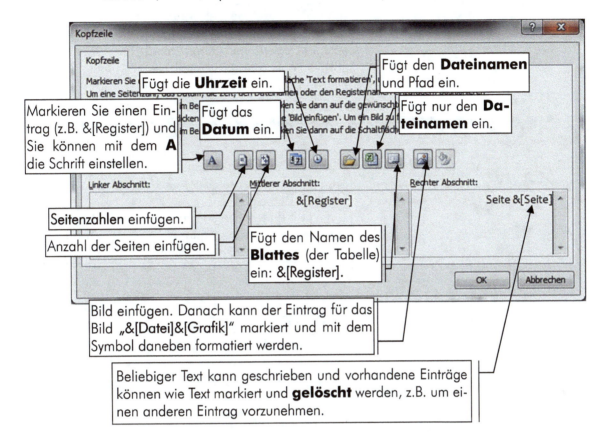

Setzen Sie ein:

> ➢ Tragen Sie links den **Dateinamen** ein und

> ➢ in der rechten Kopfzeile das **Datum mit Ortsangabe**. Hierfür schreiben Sie rechts z.B. München, **den**, dann dahinter Datum und Uhrzeit einfügen.

> ➢ Formatieren Sie alle Elemente mit **9 Punkten Schriftgröße**.

Wechseln Sie zu **benutzerdefinierte Fußzeile** und tragen Sie dort die Seitenzahlen wie folgt ein. Der Eintrag könnte so aussehen:

> ➢ Seite &[Seite] von &[Seiten] Seiten.

> > ↳ **Seite** schreiben, dann dahinter das Symbol für Seiten drücken,

> > ↳ dann **von** schreiben und das Symbol für Anzahl der Seiten einfügen, ergibt im Ausdruck z.B.: **Seite 2 von 7 Seiten**.

4.8 Kopf- oder Fußzeile, Bildlaufleiste

Eine Kopf- oder Fußzeile können Sie auch direkt in der Ansicht Seitenlayout bearbeiten.

> Wenn Sie in der Seitenlayout-Ansicht eine Kopfzeile anklicken, können Sie oben mit **Kopf-** und **Fußzeilentools** diese Symbolleiste aktivieren.

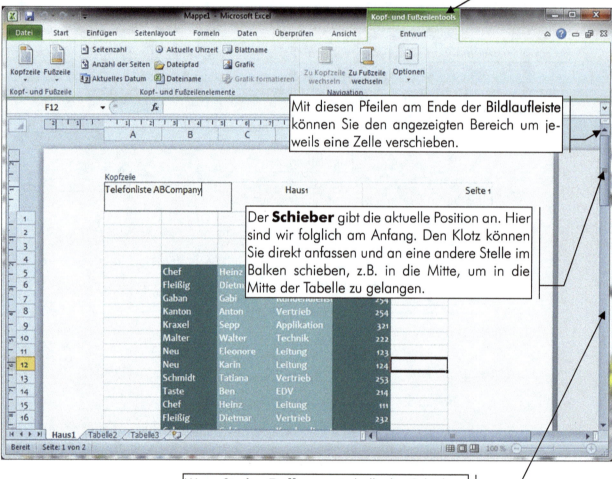

> Mit diesen Pfeilen am Ende der **Bildlaufleiste** können Sie den angezeigten Bereich um jeweils eine Zelle verschieben.

> Der **Schieber** gibt die aktuelle Position an. Hier sind wir folglich am Anfang. Den Klotz können Sie direkt anfassen und an eine andere Stelle im Balken schieben, z.B. in die Mitte, um in die Mitte der Tabelle zu gelangen.

> Wenn Sie **im Balken** unterhalb des Schiebers drücken, so blättern Sie eine Seite nach unten. Entspricht den **Bild nach oben/unten**-Tasten.

Bitte alles ausprobieren.

- ♦ Zur Information noch ein paar nützliche **Shortcuts**:
  - ↳ **[Strg]-a** markiert die gesamte Tabelle,
  - ↳ **[Strg]-[Ende]** und Sie sind am Ende der Tabelle,
  - ↳ **[Strg]-[Pos 1]** befördert Sie zum Anfang,
  - ↳ **[Strg]-[Umschalt]-[Ende]** markiert von der aktuellen Cursorposition bis zum Ende des Blattes, **-[Pos 1]** bis zum Anfang.

4.9 Zur Tabelle umwandeln

Sie können diese Tabelle, bisher nur lose Daten für Excel, in eine echte Tabelle umwandeln, d.h. Excel weiß dann, dass z.B. die Zeilen zusammengehören und beim Sortieren zusammen sortiert werden oder dass Formatierungen für die gesamte Tabelle gehören müssen.

> Mit dieser Funktion ist normale Tabellenbearbeitung zur Verwaltung von Datensätzen (nicht zur Berechnung) im Excel möglich.

➢ Wählen Sie auf der **Karteikarte Einfügen Tabelle**.

➢ Meist erkennt Excel die Tabelle, beachten Sie den **gestrichelten Auswahlrahmen**, ansonsten mit gedrückter Maustaste die Tabelle markieren.

➢ Wir haben keine Überschriften, also „Tabelle hat Überschriften" nicht ankreuzen. Excel fügt dann Überschriften ein, die anschließend passend umbenannt werden sollten.

   ✎ Dafür die Überschriften mit Doppelklicken öffnen, vorhandenen Eintrag mit gedrückter Maustaste markieren und überschreiben.

Anschließend haben Sie bei den Überschriften die Spaltenreiter, mit denen Sie die Tabelle sortieren oder bestimmte Filter zur Dateiauswahl anwenden können.

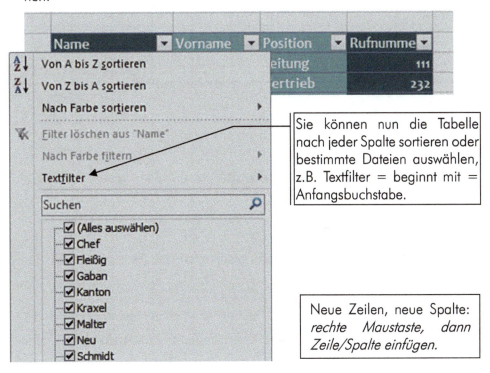

Sie können nun die Tabelle nach jeder Spalte sortieren oder bestimmte Dateien auswählen, z.B. Textfilter = beginnt mit = Anfangsbuchstabe.

Neue Zeilen, neue Spalte: *rechte Maustaste, dann Zeile/Spalte einfügen.*

4.10 Zusammenfassung

Das war ein kleiner Exkurs zur Formatierung, von dem Sie folgendes mitgenommen haben sollten:

Allgemein:

- Bevor Sie die **Schriftart** ändern können, müssen Sie den Text zuerst

  _____

- Bei einer **Datenbank** liegt das Schwergewicht auf dem Sammeln von

  _____

- bei einer **Tabellenkalkulation** auf der Durchführung von_____

Sortieren und Kopieren:

- Wo finden Sie das Symbol zum **Sortieren**: _____

- Was ist beim Sortieren zu beachten? _____

- Welche drei **Shortcuts** für Ausschneiden, Kopieren, Einfügen gibt es, die in jedem Programm gelten? _____

- Malen Sie außerdem die **Symbole** für diese Befehle:_____

Einstellen und Formatieren:

- Wie kommen Sie zu dem Menü, um die **Seitenränder** einzustellen? Hierfür gibt es zwei Wege:

  _____

  _____

  _____

- Was ist das Merkmal einer **Kopf- oder Fußzeile**?

  _____

Die Bildlaufleiste:

- Wie kommen Sie mit der **Bildlaufleiste** am schnellsten in die Mitte einer langen Tabelle?

  _____

- Woran sehen Sie in der Bildlaufleiste Ihre aktuelle Position in einem Tabellenblatt?

  _____

- Mit welcher Tastenkombination kommen Sie an den **Anfang** einer Tabelle?

  _____

KAMI PRINT VERLAG © DIPL.-ING. (FH) PETER SCHIEßL

2. Teil

Berechnungen im Excel

5. Eine Summe berechnen

Jetzt kommen wir Schritt für Schritt zu den hauptsächlichen Anwendungen von Excel, verschiedenste Berechnungen durchzuführen.

- ◆ Das hilft z.B. bei:
    - ↳ Rechnungen,
    - ↳ Architekten können Wohnungsgrößen ermitteln,
    - ↳ allen Kalkulationen: Bausparvertrag, Leasing oder Kauf, Immobilienfinanzierung, statistische Auswertungen, Versuchsauswertungen,
    - ↳ Einnahmen und Ausgaben berechnen usw.
- ◆ Der große Vorteil liegt darin, dass die Berechnungen, sofern einmal eingerichtet,
    - ↳ **automatisch** durchgeführt und aktualisiert werden.
    - ↳ Dadurch kann mit unterschiedlichen Werten experimentiert werden, z.B. Anzahlung von 5.000, 8.000 oder 10.000 beim Autoleasing.

5.1 Übung vorbereiten

Damit Excel rechnet, wird eine **Formel** eingefügt.

- ➢ Beginnen Sie eine **neue Arbeitsmappe** und speichern Sie diese (in unserem Ordner!) unter dem Namen Gesamtverkäufe pro Region.
- ➢ **Erstellen** Sie folgende Tabelle:

GESAMTVERKÄUFE pro Region	
Region 1	34.555
Region 2	4.536
Region 3	34.345
Region 4	75.567
Region 5	104.223
Summe:	
Alle Werte in Euro	

In diese Zelle wird die **Formel** eingefügt, um die Summe automatisch zu berechnen.
Sie könnten die Zelle anklicken, „=" schreiben und die Formel b2+b3+b4+b5+b6 eintragen. „b2" für die zweite Zeile in der Spalte b.
Auf der nächsten Seite werden komfortablere Eingabemöglichkeiten vorgestellt.

5.2 Die Eingabemöglichkeiten

Es gibt zahlreiche Möglichkeiten, Formeln einzutragen.

1 Weil eine Summe häufig benötigt wird, gibt es hierfür ein eigenes Symbol, die automatische **Summe** Σ.

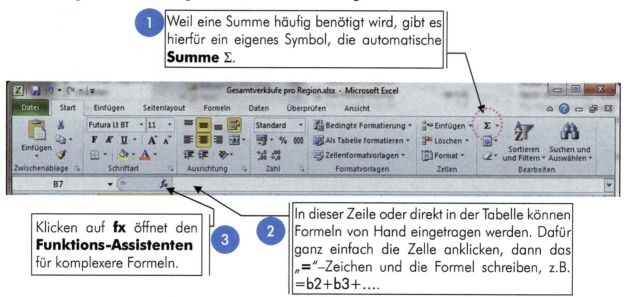

Klicken auf **fx** öffnet den **Funktions-Assistenten** für komplexere Formeln. **3**

2 In dieser Zeile oder direkt in der Tabelle können Formeln von Hand eingetragen werden. Dafür ganz einfach die Zelle anklicken, dann das „**=**"–Zeichen und die Formel schreiben, z.B. =b2+b3+....

5.3 Die automatische Summe

Probieren Sie für die Summe folgende Varianten:

> ➢ Zuerst die Zelle anklicken, in der die Summe eingefügt werden soll.

> ➢ Drücken Sie das Symbol für die automatische **Summe,** dann Return.   Σ

GESAMTVERKÄUFE pro Region	
Region 1	34.555
Region 2	4.536
Region 3	34.345
Region 4	75.567
Region 5	104.223
Summe:	=SUMME(B2:B6)

Excel sucht einen Bereich mit Zahlen in der Annahme, dass diese addiert werden sollen. Sollte diese **Vorauswahl** nicht stimmen, können mit gedrückter Maustaste andere Zellen gewählt werden.

Hier wird die Formel angezeigt. Mit **Return** bestätigen.

◆ Der Eintrag **=Summe(B2:B6)** ist einfach zu verstehen, wenn Sie daran denken, dass jede Zelle durch die **Koordinaten** bestimmt ist:

    ✎ Daten in der zweiten **Spalte B** und in den **Zeilen 2 bis 6** addieren.

    ✎ Der Eintrag: **=Summe(B2:B6)** entspricht damit diesem längeren Eintrag: **=B2+B3+B4+B5+B6.** Durch die +-Zeichen ist **keine** Formel „Summe" erforderlich.

Übung fertigstellen:

> ➢ Zum Abschluss die Formel mit **Return** bestätigen.

> ➢ **Ändern** Sie den Wert in Region 2 von 4.536 in 44.536 und beobachten Sie, wie die Summe nach Return automatisch aktualisiert wird.

5.4 Tabelle fertig stellen

Formatieren geht mit diesen Symbolen am schnellsten:

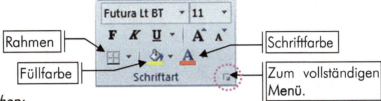

Vorgehen:

♦ Zeile **markieren**, dann bei

    ↳ einem Symbol, z.B. Füllfarbe, den **Pfeil** drücken (▼) und

    ↳ in dem Auswahlmenü eine andere Farbe wählen.

Mit dem **Erweiterungspfeil** oder mit rechte Maustaste-Zellen formatieren können Sie ein Dialogfenster mit allen Einstellmöglichkeiten aufrufen:

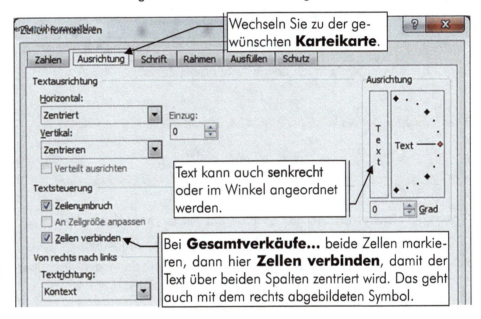

Als Vorschlag:

> **Formatieren** Sie die Tabelle: Schriftart, Position, Füllfarbe usw., bis es schön aussieht, und **Drucken** Sie die Tabelle nach Kontrolle in der Ansicht Seitenlayout und Umbruchvorschau.

5.5 Neuer Monat, neues Blatt, Umbenennen

Weil wir genügend Blätter haben, brauchen wir für den nächsten Monat weder diese Tabelle zu überschreiben noch eine neue Arbeitsmappe zu beginnen.

> ➢ **Markieren** Sie mit gedrückter Maus alle Werte der Tabelle.

> ➢ **Kopieren** (Symbol) drücken,

> ➢ auf das zweite Tabellenblatt wechseln und dort die kopierte Tabelle **einfügen**, danach ebenso auf das dritte Blatt und auch einfügen.

> ➢ Jetzt sind die vorhandenen drei Blätter verbraucht, darum zur Übung noch ein neues **Blatt** einfügen (rechte Maustaste auf einem Tabellenreiter, dann einfügen und das leere Tabellenblatt wählen) und auch dort die kopierten Werte einfügen.

Neues Blatt einfügen.

> ➢ In den kopierten neuen Tabellen **andere Werte** einsetzen und

> ➢ die Tabellenblätter nach dem Monat umbenennen.

Damit es ganz perfekt wird, benennen wir die Blätter um:

Tabelle 1 wird zu Jan11,
Tabelle 2 zu Febr11,
usw.

Umbenennen

> ◆ Zum **Umbenennen** gibt es diese praktischen **Möglichkeiten**:
>   > ✎ rechte Maustaste auf dem Tabellenreiter, dann umbenennen oder
>   > ✎ den Tabellenreiter mit Doppelklicken öffnen, dann den Text überschreiben oder noch einmal klicken und korrigieren.

> ➢ **Benennen** Sie die Blätter wie dargestellt um.

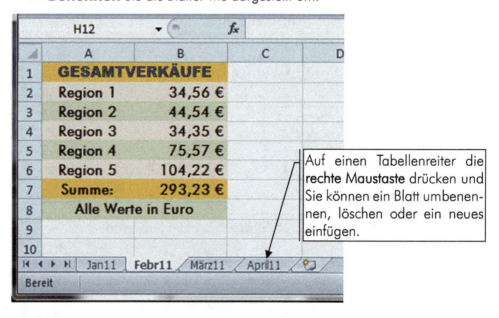

Auf einen Tabellenreiter die **rechte Maustaste** drücken und Sie können ein Blatt umbenennen, löschen oder ein neues einfügen.

6. Formel und Koordinaten

Die Quadratmeterzahl einer Wohnung soll ermittelt werden.

> ➤ Aller Anfang: **neue Mappe** beginnen und diese schon einmal als Wohnungsberechnung speichern.

> ➤ Erstellen Sie auf **Blatt 1** folgende Tabelle:

Beginnen Sie in Zelle **B3.** Sie müssen nicht links oben anfangen. Oft ist es sinnvoller, ein paar Zeilen frei zu lassen, damit später Überschriften ergänzt werden können.

Nach dem Eintragen der Werte mit Doppelklicken die Spaltenbreite **automatisch** anpassen lassen.

Die Zellen des Überschriftsbereichs verbinden, Formatierung folgt.

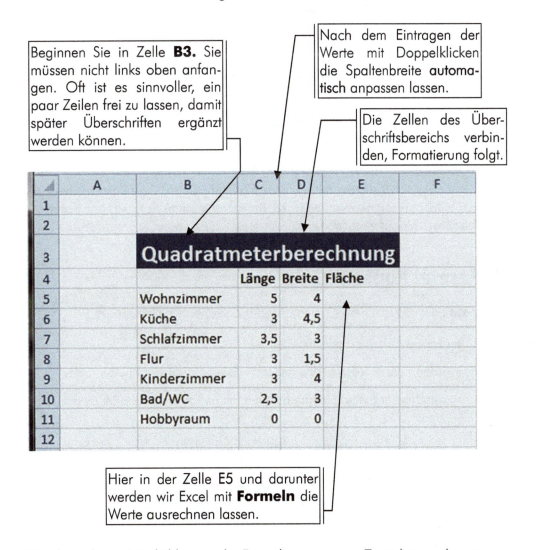

	A	B	C	D	E	F
1						
2						
3		**Quadratmeterberechnung**				
4			Länge	Breite	Fläche	
5		Wohnzimmer	5	4		
6		Küche	3	4,5		
7		Schlafzimmer	3,5	3		
8		Flur	3	1,5		
9		Kinderzimmer	3	4		
10		Bad/WC	2,5	3		
11		Hobbyraum	0	0		
12						

Hier in der Zelle E5 und darunter werden wir Excel mit **Formeln** die Werte ausrechnen lassen.

Es gibt mehrere Möglichkeiten, die Formel einzutragen. Zunächst werden wir die Formel mit der leichtesten und praktischsten Methode, die für solche einfachen Berechnungen geeignet ist, angeben: durch **Zeigen** mit der Maus.

6.1 Schnelleingabe durch Zeigen

Die Formel wird nur einmal angegeben, dann mehrfach nach unten kopiert.

Formel mit Zeigen eintragen:

> ➤ **Klicken** Sie auf E5, damit diese Zelle markiert ist,
>
> ➤ dann **=** schreiben und mit der Maus die Zelle C5 mit dem Wert 5 anklicken,
>
> ➤ ***** (für multiplizieren) schreiben, dann
>
> ➤ den nächsten zu multiplizierenden Wert 4 in der Zelle D5 anklicken.
>
> ➤ Die Formel ist fertig und kann mit **Return** abgeschlossen werden.

Zeigen

Über das „Zeigen":

> ◆ Sie können durch **Zeigen**
>> ↳ sowohl **einzelne Zellen** nacheinander anklicken, um entfernt stehende Werte aufzunehmen,
>>
>> ↳ als auch mehrere zusammenstehende Zellen durch einen Rahmen markieren.

Wenn der **Excel-Vorschlag** bei einer Formel nicht passt, können auf diese Art die richtigen Zellen angegeben werden.

Damit haben Sie die Eingabe mit dem **Summensymbol** und die praktischste Methode durch **Zeigen** mit der Maus kennengelernt, die nun noch bei einigen Übungen angewendet wird, bis für kompliziertere Formeln der **Formel-Assistent** erforderlich wird.

6.2 Formel kopieren

Diese Formel brauchen wir nicht in jeder Zelle neu einzugeben.

> ➤ Zelle mit der Formel anklicken,
>
> ➤ dann Formel **kopieren**: am schnellsten mit [Strg]-C (C für Copy),
>
> ➤ anschließend alle folgenden Zellen mit gedrückter linker Maustaste markieren und
>
> ➤ die Formel **einfügen**: mit dem Symbol oder dem Shortcut **[Strg]-V.**

[Strg]-C

[Strg]-V

> Beachten Sie, dass in den neuen, kopierten Formeln die Bezüge automatisch geändert wurden, z.B. statt C5*D5 wird C6*D6 usw. berechnet. Klicken Sie die Zellen an und überzeugen Sie sich davon.

Gerade haben wir die Formel **relativ** kopiert, weil Excel die zu multiplizierenden Werte relativ zur Position der Formel angepasst hat.

relativ

6.3 Mit Summe das Ergebnis einfügen

Wir brauchen eine Summe der Felder E5 bis E11.

➢ Das können Sie bereits mit dem Summensymbol:

Eine **Summe** wird oft gebraucht und kann daher direkt gewählt werden.

Wenn Sie den Pfeil drücken, kommen Sie zu einer Abrollliste mit weiteren Funktionen.

➢ Klicken Sie die errechnete Summe an und betrachten Sie oben in der **Formelzeile** die Formel, welche Excel automatisch eingesetzt hat.

♦ Der Ausdruck **(E5:E11)** steht folglich für die Felder von E5 bis E11. Daraus wird je nach Formel z.B.

    ↳ **Summe(E5:E11)** = E5+E6+...+E10+E11 oder

    ↳ **Produkt(E5:E11)** = E5*E6*...*E10*E11.

6.4 Absolute und relative Koordinaten

Das ist hier die richtige Stelle für einige theoretische Anmerkungen bezüglich der Excel-Sprache.

6.4.1 Relative Bezüge

Normalerweise, wie gerade durchgeführt, arbeiten wir mit relativen Koordinaten. Ein Beispiel:

	A	B	C
1	55	556	
2	234	334	
3	=A1+A2	**=B1+B2**	

Relative Bezüge bedeutet folglich: die Koordinaten werden relativ zur Position beim Verschieben oder Kopieren angepasst.

Kopieren Sie diese Formel **=A1+A2** in die nächste Spalte, so trägt Excel automatisch ein: **=B1+B2**. Damit stimmt der Wert, wir können Formeln ohne Aufwand in andere Zellen kopieren.

6.4.2 Absolute Bezüge

In Ausnahmefällen soll die Formel absolut unverändert kopiert werden, z.B. wenn wir ein Ergebnis an einer anderen Stelle weiter verwenden wollen.

Excel nimmt keine automatische Anpassung der Bezüge vor, wenn einer Koordinatenangabe ein **$-Zeichen** (Dollar) vorangestellt wird. Im obigen Beispiel würde die Formel lauten:

=$A$1+$A$2

- ◆ Beachten Sie, dass je ein $-Zeichen für Spalte und Zeile erforderlich ist. Dadurch ist es möglich, z.B. nur die Spalte absolut zu setzen, die Zeile jedoch weiterhin veränderbar (relativ) zu lassen oder umgekehrt: nur Spalte absolut **$A1**, nur Zeile absolut **A$1**.

Diese Formel „**=$A$1+$A$2**" können Sie in jede beliebige Zelle kopieren. Es wird immer der bei A1 und A2 eingetragene Wert addiert, selbst wenn Sie die Werte in diesen Zellen ändern. Somit können Sie dieses Ergebnis an anderen Stellen, sogar auf anderen Blättern, verwenden.

6.4.3 Formel absolut kopieren

Wenn Sie Formeln ohne diese automatische Aktualisierung kopieren wollen, gehen Sie so vor:

- ◆ Entweder Werten, die nicht geändert werden sollen (=die absolut sein sollen), ein **$** voranstellen oder

- ◆ Zelle anklicken, Formel in der **Bearbeitungszeile** markieren und dort **kopieren**, dann jedoch mit [Esc] abbrechen, damit diese Zeile unverändert bleibt.

- ✎ Jetzt haben Sie die Formel mit **absolutem Bezug** im Arbeitsspeicher und können diese in beliebig viele andere Zellen einfügen, aber nur auf dem **aktuellen Blatt**.

6.4.4 Stellvertreter

Außerdem müssen Sie, etwa wenn eine lange Liste addiert werden soll, nicht alle Zellen angeben. Sie können (siehe voriges Beispiel) die zu addierenden Zellen mit der Maus markieren oder die Koordinaten direkt eintragen. Der Doppelpunkt gibt Bereiche an. Eine kleine Auswahl:

A5:C20   Der Bereich zwischen Spalte A, Zeile 5 und Spalte C, Zeile 20.

5:20   Alle Zellen zwischen Zeile 5 und Zeile 20.

B:B   Alle Zellen in Spalte B.

- ➢ Probieren Sie dies aus: setzen Sie in einer beliebigen Zelle die Formel Summe(D:D).

- ➢ Kopieren Sie wie in Kap. 6.4.3 beschrieben die Endsumme und fügen diese in einer anderen Zelle ein.

6.5 Die Überschrift gestalten

Zuerst zu der Überschrift. Diese soll zur Abwechslung invertiert werden (weiße Buchstaben auf dunklem Hintergrund):

Quadratmeterberechnung

> ➢ Wählen Sie mit den Symbolen **Füllfarbe** dunkelblau und **Schriftfarbe** weiß.

> ➢ Stellen Sie zusätzlich eine größere Schrift ein, ca. **16 Punkte,** alle vier Spalten verbinden.

Zeilenhöhe und Spaltenbreite:

> ◆ Manuell: klicken Sie am linken Rand mit der rechten Maustaste auf eine Zeile, damit ist diese markiert und das Abrollmenü erscheint, in dem Sie bei **Zeilenhöhe** die Zeilenhöhe eintragen können, ebenso für eine Spalte, wenn eine Spalte oben bei den Spaltenreitern markiert wurde.

> ◆ Sie können an den Rändern der Spalten- und Zeilenreiter diese mit der Maus verbreitern oder durch Doppelklicken automatisch an den Inhalt anpassen lassen.

> ◆ Automatisch: bei **Start** finden Sie in der Abrollliste bei **Format** den Befehl **Zeilenhöhe automatisch anpassen,** ebenso für die Spaltenhöhe.

>> ✍ Bei größerer Schrift wird automatisch eine größere Zeilenhöhe eingestellt. Sollte die Schrift einmal **abgeschnitten** sein, diese Funktion wählen oder die Zeilenhöhe vergrößern.

Befehle, um Zellen zu formatieren, finden Sie bei Start-Format:

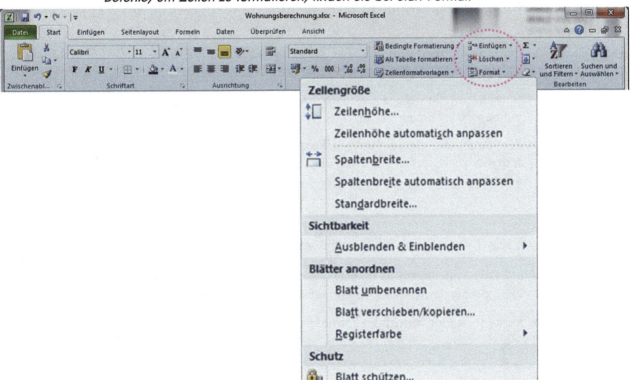

6.6 Format übertragen

Diesmal werden wir die restliche Tabelle auf eine andere, schnellere Art formatieren. Wir werden nicht jede Zeile neu einstellen, sondern nur eine und deren Einstellungen mit einem dafür vorgesehenen Befehl auf die anderen Zeilen übertragen.

Damit können wir viel schneller Tabellen einstellen, in denen die Zeilen zur besseren Übersicht **zweifarbig** ausgeführt sind.

So sollte es werden:

Quadratmeterberechnung			
	Länge	Breite	Fläche
Wohnzimmer	5	4	20
Küche	3	4,5	13,5
Schlafzimmer	3,5	3	10,5
Flur	3	1,5	4,5
Kinderzimmer	3	4	12
Bad/WC	2,5	3	7,5
Hobbyraum	0	0	0
		Gesamt:	68

> Einmal einstellen (geht auch mit den **Zellenformatvorlagen**), dann können die Einstellungen auch für jeweils zwei Zeilen mit **Format übertragen** übernommen werden.

> ➤ **Markieren** Sie bei Wohnzimmer die Zahlen 5, 4 und 20.

> ➤ Stellen Sie mit dem **Füllsymbol** oder den Zellenformatvorlagen die **Hintergrundfarbe** hellblau ein, dann ebenso für die zweite Zeile mit hellerem Hintergrund.

> ➤ Beide Zeilen markieren (nur die Zellen mit farbigem Hintergrund) und auf das Symbol für **Format übertragen** Doppelklicken:

> ➤ Jetzt können die weiteren Zeilen markiert und damit ebenso formatiert werden.

> ➤ Zum Abschluss noch einmal auf **Format übertragen** klicken, damit diese Funktion **ausgeschaltet** wird.

Klicken oder Doppelklicken bei Format übertragen?

♦ Mit **Doppelklicken** ist Format übertragen eingeschaltet und solange aktiv, bis durch erneutes Drücken diese Funktion ausgeschaltet wird.

♦ Klicken Sie nur **einmal** auf Format übertragen, können Sie ein einziges Mal die Formatierungen kopieren.

Übung fertig stellen:

> **Gesamt** rot hinterlegen und fett einstellen, die **Zeilen- und Spaltentitel** mit blauer Schrift versehen, fertig ist die Tabelle.

> In der **Seitenansicht** zentriert einstellen, Kopf- und Fußzeile anpassen und die ganze Berechnung **drucken**.

> Es ist möglich, zwei verschiedenfarbige Zeilen auf einmal den nächsten beiden Zeilen zu übertragen. Sehr praktisch für Tabellen.

6.7 Übung Raumberechnung

Um die Formeleingabe noch etwas zu üben, werden wir noch ein paar Summen berechnen.

♦ Excel trägt bei Formeln die links (wen oben leer) oder oberhalb stehenden Zahlen als Vorschlag ein.

♦ Sollen andere Werte in die Rechnung einbezogen werden, ist dies durch Anklicken mit der Maus (**Zeigen**) sehr einfach möglich.

Erstellen Sie folgende Übung:

	Quadratmeter		
	Haus 1	*Haus 2*	*Haus 3*
R1	55	90	33
R2	55	67	100
R3	90	40	33
R4	67		
Summe:	267	197	166
Gesamt:	**630** (Haus 1 + Haus 2 + Haus 3)		

Formel mit Zeigen eintragen:

> Die Zelle neben **Gesamt** anklicken,

  dann **=** schreiben und mit der Maus 267 anklicken,

Zeigen

> **+** schreiben,

  den nächsten zu addierenden Wert 197 anklicken,

> wieder **+** und 166 anklicken,

  die Formel ist fertig und kann mit **Return** abgeschlossen werden.

Wenn der **Excel-Vorschlag** bei einer Formel nicht passt, können auf diese Art die richtigen Zellen angegeben werden.

7. Der Funktionsassistent

Jetzt werden wir uns den Funktionsassistenten anschauen, mit dem komplexere Formeln eingegeben werden können. Einfache Formeln durch Zeigen, schwierigere Formeln werden aus den Funktionsassistenten ausgewählt.

7.1 Lottozahlen mit dem Funktionsassistenten

Wollen Sie Lottozahlen errechnen lassen? Bei den ersten programmierbaren Taschenrechnern war dies eine Spielerei, die natürlich auch im Excel geht. Gut geeignet, um sich mit dem Funktionsassistenten vertraut zu machen.

> ➢ Beginnen Sie eine **neue Mappe** für die folgenden Übungen.

Zelle B2 anklicken, dann **fx**, um den Funktionsassistenten zu starten.

Der Weg über den Funktionsassistenten ist bei schwierigeren Formeln nützlich.

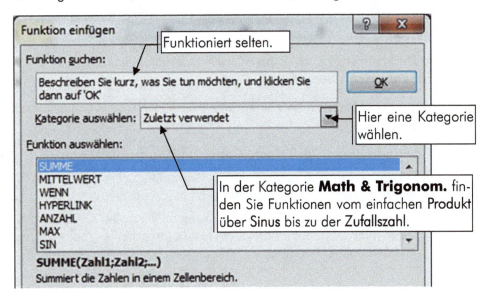

Funktioniert selten.

Hier eine Kategorie wählen.

In der Kategorie **Math & Trigonom.** finden Sie Funktionen vom einfachen **Produkt** über Sinus bis zu der Zufallszahl.

7.1.1 Über die Kategorien

- ♦ Die zuletzt verwendeten Funktionen sind unter **„Zuletzt verwendet"** aufgeführt, anfangs ist dies eine Auswahl von Excel.

- ♦ Bei **„Alle"** sind alle verfügbaren Funktionen alphabetisch sortiert.

Außerdem sind alle vorhandenen Formeln in Kategorien einsortiert:

- ♦ Formeln zu Finanzen wie Kreditberechnung, Rendite eines Wertpapiers, Abschreibungsberechnungen bei **Finanzmathematik**.

- ♦ **Datum & Zeit** für Zeitberechnungen, etwa um Skonto zu einem Zahltermin zu berechnen oder für Schichtarbeitspläne.

- ♦ **Bei Mathematisch & Trigonometrisch** sind alle möglichen Formeln aus der Mathematik, von Sinus über Runden, Fakultät bis zur Wurzel oder Zufallszahl, zu finden.

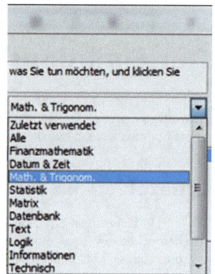

- ♦ Bei **Statistik** sind Statistische Formeln wie die Häufigkeit eines Wertes, diverse Mittelwerte, die Standardabweichung, Steigung, Varianz oder Nominalverteilung zu finden.

- ♦ Bei **Matrix** wird es noch mathematischer, der SVerweis wird am Ende dieses Buches vorgestellt, ansonsten können Sie hier Werte eines Bereiches vergleichen oder eine Zeilen- oder Spaltennummer ermitteln.

- ♦ Bei **Datenbank** können Sie Bereiche nach bestimmten Werten durchsuchen oder Zahlen in einer Datenbank summieren.

- ♦ Bei **Text** können Sie unter anderem Text in Zahlen umwandeln und umgekehrt oder Leerzeichen in Texten löschen oder identische Texte oder die Anzahl einer Zeichenfolge ermitteln.

- ♦ Bei **Logik** finden sich Funktionen, die zu einer Ausgabe von WAHR oder FALSCH führen, z.B. UND bzw. ODER-Verknüpfungen. Beispiele folgen am Ende dieses Buches.

- ♦ Auch bei **Information** können Sie Wahr oder Falsch ermitteln, z.B. Wahr, wenn ein Text statt einer Zahl vorhanden ist.

- ♦ Danach folgt noch **Technisch**, **Cube** und **Kompatibilität**.
  - ↳ Technisch z.B. für Gaussfunktionen, Umwandlung Hexadezimal in Binär und umgekehrt, Umwandlung von Maßeinheiten usw.
  - ↳ Cube für Cubefunktionen und bei **Kompatibilität** sind diverse Funktionen früherer Excel-Versionen, um mit diesen erstellte Arbeitsmappen weiterhin öffnen zu können.

7.1.2 Die Hilfe

➢ Wählen Sie bei **Math. & Trigonom.** die Funktion **Zufallszahl.**

➢ Unten im Menü finden Sie bei jeder Funktion eine **Kurzbeschreibung** und einen Hyperlink zu ausführlicherer **Hilfe:**

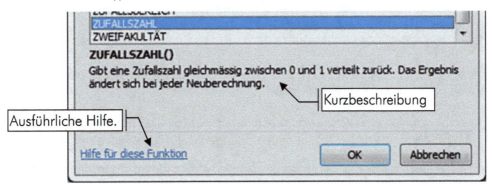

7.1.3 Formel ergänzen

Bei den Lottozahlen reicht die Funktion für die Zufallszahl nicht aus, da hiermit eine Zahl zwischen 0 und 1 ausgegeben wird, wir jedoch eine Zahl zwischen 1 und 49 brauchen.

➢ Wählen Sie aus der Kategorie „Math. & Trigonom." Ganz unten die Zufallszahl, dann die **Hilfe** für diese Funktion anklicken, danach OK.

➢ **Ergänzen** Sie die Formel gemäß dem Hilfetext zu:

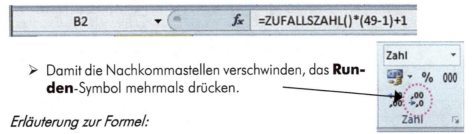

➢ Damit die Nachkommastellen verschwinden, das **Runden**-Symbol mehrmals drücken.

Erläuterung zur Formel:

♦ die Zufallszahl zwischen 0 und 1, also z.B. 0,34, wird mit 49-1, also 48 (hatten wir auch 48 schreiben können) multipliziert, so dass daraus 0,34*48 = 16,32 +1 wird, durch das Runden nur noch 16, unser erstes Ergebnis.

↳ Maximal wäre 0,99… mal 48 = 47,99… +1 = 49 möglich. Unser Ergebnis liegt also immer zwischen 1 und 49.

➢ Anschließend die Zelle markieren, **kopieren** und in die fünf folgenden Zellen einfügen, damit wir auf einen Schlag sechs Zufallszahlen erhalten.

	A	B
1	Meine Lottozahlen:	
2		18
3		28
4		22
5		43
6		5
7		26

Neue Werte:

> ➢ Wenn Sie **weitere Werte** wünschen, einfach alle sechs Zellen markieren, kopieren und in andere Zellen einfügen.

> ➢ Oder eine leere Zelle anklicken und die **[Entf]-Taste** drücken, da bei jedem Löschen oder Einfügen alle Werte neu berechnet werden.

Werte sortieren und konservieren:

Da bei jedem Einfügen neue Werte errechnet werden, können die Zahlen nicht einfach kopiert und eingefügt werden.

- ◆ Durch einfaches Kopieren und Einfügen würden die Formeln mitkopiert, die Werte somit bei jedem neuen Einfügen geändert werden.

- ◆ Möglich wäre es, die Zahlen zu konservieren, indem diese mit **Inhalte einfügen** kopiert werden:
  - ➥ Originalwerte kopieren, dann andere sechs Zellen markieren, rechte Maustaste darauf und aus dem Abrollmenü **Werte Einfügen** wählen, s. Abbildung unten.
  - ➥ Danach die Kommastellen reduzieren.

7.1.4 Ergebnisse fixieren

Sie können über die konservierten Werte das Datum schreiben und somit z.B. die Lottozahlen für die folgenden Ziehungen ermitteln:

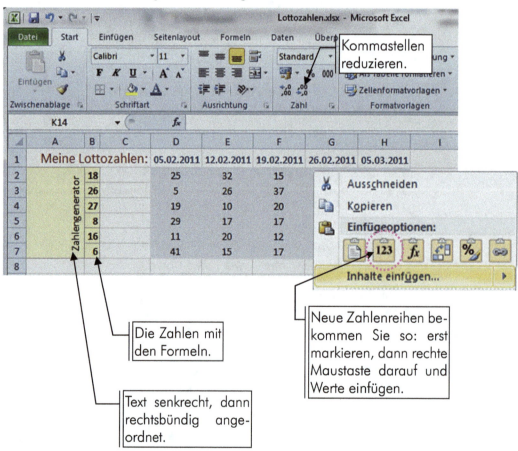

7.1.5 Die Smarttags

sind neu seit Office XP. Bei einigen Aktionen, so beim Einfügen, erscheint ein kleines Symbol. Klicken Sie dieses an, so klappt eine Abrollliste mit den wichtigsten Aktionen auf, passend zu dem zuvor gewählten Befehl.

Damit ist es auch möglich, nur die Werte einzufügen, oder die Formatierung des Originals beizubehalten oder an die Zielzellen anzupassen.

> Kopieren Sie noch einmal die errechneten Lottozahlen, dann in einer weiteren Spalte **ganz normal einfügen**:

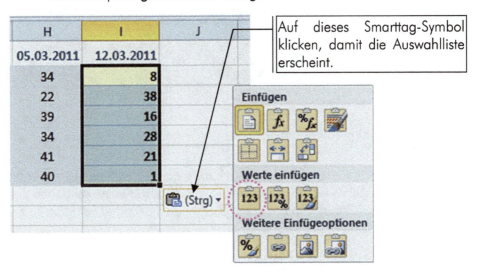

Auf dieses Smarttag-Symbol klicken, damit die Auswahlliste erscheint.

> Damit können Sie nur die Werte einfügen, haben noch die Formelzahlen im Arbeitsspeicher und könnten gleich weitere neue Lottozahlenreihen erzeugen.

> Abschließend mit **Format übertragen** die Formatierungen der Lottozahlen übernehmen, auch die reduzierten Nachkommastellen würden dabei angepasst.

Geht also noch praktischer mit diesen Smarttags.

7.2 Abschreibung

Sie wollen die Abschreibung für buchhalterische Zwecke oder den Wertverlust einer Investition ermitteln? Auch dafür gibt es Formeln. Zur Übung wollen wir den Wertverlust eines Kraftfahrzeuges ausrechnen.

Nehmen wir folgende Beispieldaten:

♦ Anschaffungspreis 35.000 €,

♦ Nutzungsdauer insgesamt von 15 Jahren,

♦ eine persönliche Nutzungsdauer von sechs Jahren mit einem Restwert nach diesen 6 Jahren von etwa 9.000 €.

Der reale Wertverlust ist anfangs besonders hoch und wird dann von Jahr zu Jahr geringer.

Dafür ist im Excel die Funktion **DIA** (arithmetisch-degressive Abschreibung) vorbereitet. Eine Abschreibung mit gleichbleibenden Raten für buchhalterische Zwecke kann mit der Funktion **GDA2** (geometrisch-degressive Abschreibung) ermittelt werden.

Vorbereitung:

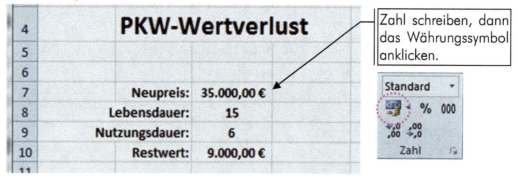

7.2.1 Funktion suchen

Wir wollen Ihnen in diesem Schulungsbuch nicht einige Beispiele präsentieren, sondern Ihnen Excel so nahebringen, dass Sie Ihre individuellen Aufgaben damit lösen können. Dafür ist in der Regel zuerst eine geeignete Funktion zu ermitteln.

Nehmen wir an, Sie kennen nicht den Namen der Funktion. Dann können Sie im Excel geeignete Funktionen **suchen** lassen.

> ➢ Wählen Sie das **Hilfe-Fragezeichen**, dann oben als Suchwort „Abschreibung" eintragen und Suchen.

> ➢ Anleitungen finden Sie bei „Finanzfunktionen".

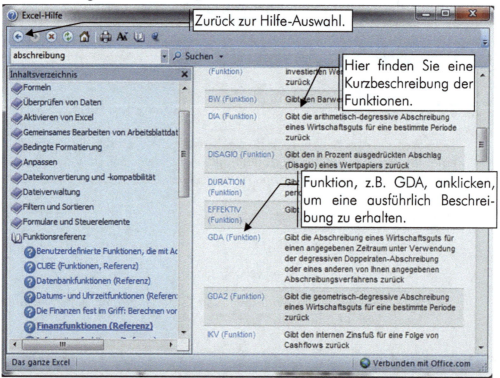

7.2.2 Formeleingabe durch Zeigen

➢ Klicken Sie eine leere Zelle an und wählen Sie die Funktion **DIA** (fx, dann Finanzmathematik und dort DIA), dann OK, um zur Werteeingabe wie abgebildet zu gelangen.

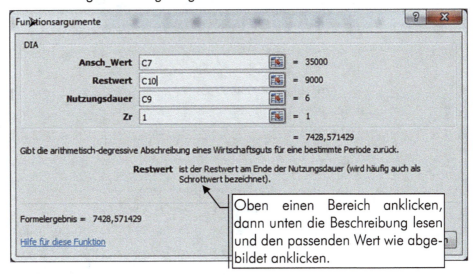

Excel trägt nicht den eigentlichen Wert im Funktionsmenü ein, sondern die **Zelle**. Das bietet den Vorteil, dass Sie die Werte jederzeit ändern können, das Formelergebnis wird aktualisiert.

7.2.3 Formel kopieren

Ein Wert für das erste Jahr ist damit ermittelt, weil bei **Zr 1** für das erste Jahr eingegeben wurde, die Wertverluste für die folgenden Jahre fehlen noch.

Damit wir die Formel nicht fünf Mal neu setzen müssen, kopieren wir diese, wobei jedoch die Felder nicht verändert werden sollen, damit immer die gleichen Werte zur Berechnung herangezogen werden, nur das jeweilige Jahr soll verändert werden.

➢ Darum die Zelle mit der Formel anklicken und in der Funktionsleiste die Angaben durch ein vorangestelltes $-Zeichen absolut setzen.

    =DIA(C$7;C$10;C$9;1)

🖏 Da die Spalte C immer gleich bleibt, reicht es diesmal, nur die **Zeilennummer** absolut zu setzen.

➢ Jetzt können Sie die Formel in die folgenden fünf Zellen **kopieren**

➢ und abschließend in der Formel die letzte 1 für das erste **Jahr** durch entsprechende Jahresangaben ersetzen (2, 3, 4, 5).

➢ Zur Übersicht noch eine **Jahresangabe** davor schreiben. Nur das erste Jahr schreiben, dann rechts unten an der Zelle das Kästchen mit der Maus nach unten ziehen. Mehr hierzu ab Seite 68.

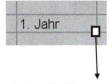

◢	A	B	C	D
1				
2				
3				
4		**PKW-Wertverlust**		
5				
6				
7		Neupreis:	35.000,00 €	
8		Lebensdauer:	15	
9		Nutzungsdauer:	6	
10		Restwert:	9.000,00 €	
11				
12			Wertverlust:	Restwert:
13		1. Jahr:	7.428,57 €	27.571,43 €
14		2. Jahr:	6.190,48 €	21.380,95 €
15		3. Jahr:	4.952,38 €	16.428,57 €
16		4. Jahr:	3.714,29 €	12.714,29 €
17		5. Jahr:	2.476,19 €	10.238,10 €
18		6. Jahr:	1.238,10 €	9.000,00 €
19		Kontrollsumme:	26.000,00 €	
20				

> Den Restwert errechnen wir manuell mittels Formeleingabe per Zeigen:
> =C7-C13
> =C7-C13-C14
> =C7-C13-C14-C15
> usw.

Die errechneten Werte entsprechen natürlich nicht exakt den tatsächlichen Werten, da hierbei Marktschwankungen und die Käufernachfrage berücksichtigt werden müssten, da z.B. nach manchen Fahrzeugen, etwa mit sparsamen Motoren oder bestimmten Farben, gebraucht eine höhere Nachfrage bestehen könnte als nach anderen Typen, bzw. in wirtschaftlich guten Zeiten könnten 3 Jahre alte gebrauchte gefragter sein als 6 Jahre alte, in wirtschaftlich schlechten Zeiten könnte dies anders herum sein.

7.2.4 Zum Abschluss

Anhand dieses Beispiels haben Sie die typischen Schritte beim Erstellen einer Berechnung mit dem Funktionsassistenten kennengelernt:

- ➢ Bekannte Werte notieren, passende Funktion im Hilfe-Menü suchen.

- ➢ Vorbereitung der Berechnung durch die Eingabe der Werte,

- ➢ Formel mit dem Funktionsassistenten einmal erstellen und

- ➢ ggf. mehrfach kopieren, wobei entsprechende Werte absolut zu setzen sind.

> Da wir +, -, *, / oder % per Tastatur eintragen können, ist der Funktionsassistent in der Praxis nur bei schwierigen Formeln sinnvoll. Einfache Formeln sind durch Zeigen sehr schnell eingegeben.

8. Rechnung, Kommentar, Datum

Nun folgen einige weitere Beispiele aus der Praxis, um die Möglichkeiten der Berechnungen aufzuzeigen. Zunächst eine Rechnung, in der die Mehrwertsteuer ausgewiesen werden soll.

➤ Beginnen Sie eine **neue Mappe** und **speichern** Sie diese gleich am Anfang als **Rechnung** in unseren Übungsordner.

8.1 Die Zahlenformate

➤ Füllen Sie die Rechnung folgendermaßen aus. Beginnen Sie mit **Rechnung** im Feld **B3**:

Für die Preise wollen wir die Darstellung mit Euro-Zeichen: **0,66 €**. Das können wir im Excel mit dem Währungssymbol einstellen: alle Preise markieren und Symbol anklicken.

	A	B	C	D
1				
2				
3		Rechnung		
4		Nr.	Bezeichnung	Einzelpreis
5		2001	Bleistifte	0,66
6		2002	Radierer	1,89
7		2003	Set Filzstifte	9,99
8		2004	Kugelschreiber	0,99
9		2005	Stempelkissen	4,5
10		2006	Füllhalter	14,8
11		2007	Patronen für Füllhalter	2,99
12				

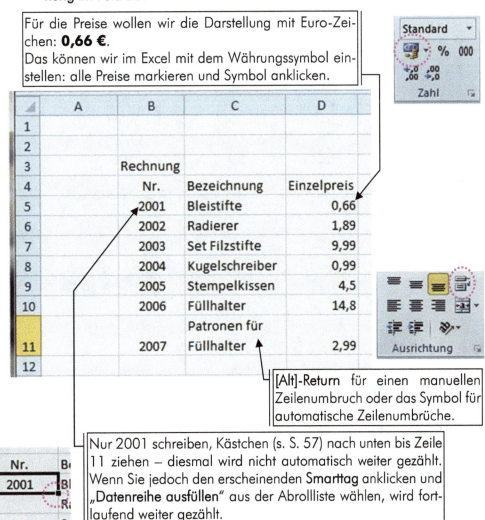

[Alt]-Return für einen manuellen Zeilenumbruch oder das Symbol für automatische Zeilenumbrüche.

Nur 2001 schreiben, Kästchen (s. S. 57) nach unten bis Zeile 11 ziehen – diesmal wird nicht automatisch weiter gezählt. Wenn Sie jedoch den erscheinenden **Smarttag** anklicken und „Datenreihe ausfüllen" aus der Abrollliste wählen, wird fortlaufend weiter gezählt.

Wichtige Zahlenformate gibt es als Symbole:

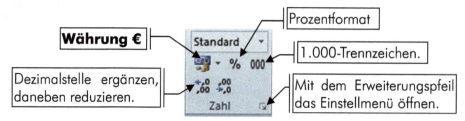

- ◆ Bei dem Währungsformat können Sie aus der Abrollliste Euro oder Dollar wählen, mit „Weitere…" geht es zu noch mehr Währungen.

  ✏ **„Weitere Buchhaltungsformate"** ruft das gleiche Menü wie der **Erweiterungspfeil** auf, nur das der Punkt Buchhaltungsformate für Währungen schon ausgewählt ist.

Hinweis: hier wird nur das Währungssymbol ergänzt. Wie zwischen Währungen umgerechnet werden kann, finden Sie auf Seite 124 beschrieben.

Andere Währungssymbole oder Zahlenformate können auch mittels der rechten Maustaste-**Zellen formatieren** gewählt werden.

Weiter ausfüllen, Formeln ergänzen und formatieren:

- ➤ Bei Mengenpreis die Formel **D5*E5** einfügen,

- ➤ dann kopieren oder an dem Kästchen **nach unten ziehen** zum Ausfüllen der weiteren Zeilen,

- ➤ abschließend die ganze Spalte Mengenpreis markieren und **Zahlenformat Euro** bestimmen.

Summe ergänzen:

- ➤ Die Zelle neben Summe markieren und **Summensymbol** anklicken.   Σ ▾

8.2 Die Mehrwertsteuer

Ergänzen wir den abschließenden Block mit der Mehrwertsteuer und dem Versandanteil. Die Summe haben wir gerade berechnet:

	A	B	C	D	E	F
2						
3			**Rechnung**			
4		Nr.	Bezeichnung	Einzelpreis	Stückzahl	Mengenpreis
5		2001	Bleistifte	0,66 €	100	66,00 €
6		2002	Radierer	1,89 €	10	18,90 €
7		2003	Set Filzstifte	9,99 €	8	79,92 €
8		2004	Kugelschreiber	0,99 €	400	396,00 €
9		2005	Stempelkissen	4,50 €	5	22,50 €
10		2006	Füllhalter	14,80 €	5	74,00 €
11		2007	Patronen für Füllhalter	2,99 €	200	598,00 €
12					Summe:	1.255,32 €
13					zzgl. MwSt.	238,51 €
14					Versand:	10,00 €
15					Endbetrag:	1.503,83 €
16						

Entweder mit „zeigen": = schreiben, dann Summe, MwSt und Versandanteil anklicken, dazwischen + drücken oder das Summensymbol, dann den gewünschten Bereich angeben.

- ◆ **Prozente** können wir auf diese zwei Arten berechnen:
  - ↳ Entweder mit dem %-Zeichen. Dann so eintragen: **=F12*19%**
  - ↳ oder die komplette Berechnung: **=F12/100*19**.

Beachten Sie, dass wir ein Gleichheitszeichen an den Anfang stellen, damit Excel die Zahlen als Formel erkennt. Ohne „=" zeigt Excel die Formel an, rechnet aber nicht.

- ➢ Tragen Sie eine der beiden Formeln für die **Mehrwertsteuer** ein.

- ➢ **Versandanteil** eintragen, dann den Endbetrag als **Summe** berechnen lassen:
  - ↳ die Zellen von Summe bis Endbetrag markieren und Summensymbol drücken.
  - ↳ Oder die Zelle neben Endbetrag mit Doppelklicken öffnen, dann = schreiben, Summe anklicken + schreiben MwSt. Anklicken + schreiben und Versand anklicken und mit Return abschließen.

- ➢ Zeilen wie abgebildet **formatieren**.

Rahmenlinien ergänzen, daneben Füll- und Textfarbe.

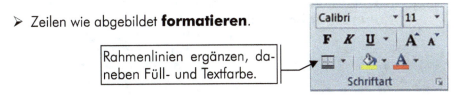

8.3 Ein Kommentar

Berechnungen können mit **Kommentaren** versehen werden. Das kann Ihnen helfen, zu einem späteren Zeitpunkt die Formeln zu verstehen, oder anderen, sich schneller in die Berechnung einzuarbeiten.

Außerdem können Sie damit zusätzliche **Informationen** festhalten, etwa die Höhe des Versandanteils.

> ➢ Das Feld mit **10,00 €** Versandanteil anklicken und

> ➢ **Überprüfen-Neuer Kommentar** wählen.
>> ↻ Natürlich lässt sich diese Funktion auch mit der **rechten Maus-taste-Kommentar einfügen** starten.

Summe:	1.255,32 €
zzgl. MwSt.	238,51 €
Versand:	10,00 €
Endbetrag:	1.503,83 €

Der Versandanteil
beträgt:
Nachnahme: 10 €
auf Rechnung:
unter 100€: 5,90€
über 100€: 10 €

Kommentar eintragen:

> ♦ Tragen Sie in dem erscheinenden **Textfenster** den obigen Text ein.
>> ↻ Sie können den Rahmen an den **Anfasserpunkten** mit gedrückter Maus vergrößern oder verkleinern.

> ➢ Zum Abschluss eine **andere Zelle anklicken**. Der Kommentar wird mit der Excel-Tabelle gespeichert.

Kommentare werden durch kleine Dreiecke angedeutet:

> ♦ Wenn Sie nun die Maus langsam über das Feld mit dem Kommentar bewegen, wird der Kommentar eingeblendet.

Sie können übrigens auch Texte aus anderen Programmen in ein Excel-Kommentarfeld einfügen. Einfach den Text markieren, kopieren, zu Excel wechseln und den Cursor in den Kommentar setzen, dann Einfügen wählen.

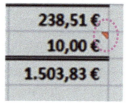

8.3.1 Kommentare ändern

> ♦ Kommentare können Sie so ändern:
>> ↻ **rechte Maustaste** über der Zelle mit dem Kommentar, dann **Kommentar bearbeiten**:

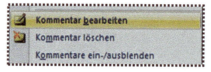

Der Kommentar wird wieder geöffnet und Sie können:

- ◆ den Text **korrigieren** oder mit der

- ◆ **[Entf]-Taste** den Kommentar vollständig **löschen**, sofern der Kommentar-Rahmen markiert ist oder

- ◆ den ganzen Text markieren, Ausschneiden ([Strg]-X) und bei einer anderen Zelle mit Einfügen-Kommentar und [Strg]-V einfügen.

Mit letzterem haben Sie die Möglichkeit, einen Kommentar an eine andere Stelle zu **verschieben**.

- ◆ Mit der Schaltfläche „**Alle Kommentare anzeigen**" bei Überprüfen werden Kommentare immer angezeigt, egal ob ausgewählt.

8.4 Das aktuelle Datum einfügen

Ergänzen wir das Rechnungsdatum. Das ist auf mehreren Wegen möglich.

Unveränderbares Datum einfügen:

- ◆ das Datum **hinschreiben**: z.B. 05.03.11. Vorteil: dieser Wert bleibt unverändert erhalten.

  ✎ Das geht schneller mit der Tastaturabkürzung **[Strg]-[.]**.

  ✎ Mit **[Strg]-[Umschalt]-[.]** wird die **aktuelle Uhrzeit** eingefügt.

[Strg]-[.]

Datum, das automatisch aktualisiert wird, einfügen:

- ◆ **Formel-Editor öffnen (fx-Symbol)-Kategorie Datum & Zeit,** dort **Heute** einfügen.

- ➢ Ergänzen Sie unterhalb des Betrages:

Rechnungsdatum:	5.03.2011	Mit [Strg]-[.]

> Wenn Sie die Funktion »**Heute**« verwenden, wird das Datum automatisch aktualisiert. Bei Rechnungen Ausdruck aufheben, um das Rechnungsdatum festzuhalten, oder **[Strg]-[.]** verwenden.

8.4.1 Berechnungen mit Datum

Wir geben dem Kunden 2% Skonto, sofern innerhalb von 14 Tagen bezahlt wird. Und damit der Kunde den letzten Zahltermin nicht ausrechnen muss, werden wir dies Excel erledigen lassen.

Für das Datum und die Uhrzeit gibt es zahlreiche Formeln. Die einfachste Methode ist folgende:

Tragen Sie die Formeln wie abgebildet ein.

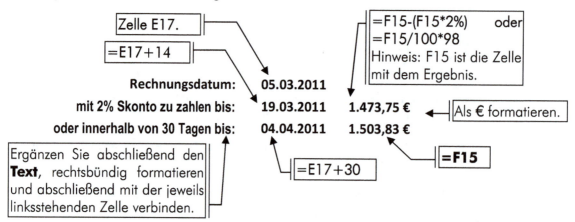

Wir verweisen auf die Datumszelle E17, anstatt eine Funktion wie „Heute" zu verwenden, damit das Datum später nicht aktualisiert und damit geändert werden würde. Mit „Heute" wäre die Formel ="Heute"+14.

- ♦ Berechnungen mit Datum gehen generell nur, wenn
  - ✎ Datumswerte in **Anführungszeichen** stehen und wenn bei den
  - ✎ Zellen **Datumsformat** eingestellt ist:

    rechte Maustaste über der Zelle-Zellen formatieren-bei Zahlen ein Datumsformat wählen.

Die soweit fertig gestellte Rechnung:

	A	B	C	D	E	F
2						
3			**Rechnung**			
4		Nr.	Bezeichnung	Einzelpreis	Stückzahl	Mengenpreis
5		2001	Bleistifte	0,66 €	100	66,00 €
6		2002	Radierer	1,89 €	10	18,90 €
7		2003	Set Filzstifte	9,99 €	8	79,92 €
8		2004	Kugelschreiber	0,99 €	400	396,00 €
9		2005	Stempelkissen	4,50 €	5	22,50 €
10		2006	Füllhalter	14,80 €	5	74,00 €
11		2007	Patronen für Füllhalter	2,99 €	200	598,00 €
12					Summe:	1.255,32 €
13					zzgl. MwSt.	238,51 €
14					Versand:	10,00 €
15					Endbetrag:	1.503,83 €
16						
17				Rechnungsdatum:	05.03.2011	
18				mit 2% Skonto zu zahlen bis:	19.03.2011	1.473,75 €
19				oder innerhalb von 30 Tagen:	04.04.2011	1.503,83 €
20						

8.5 Rechnung rationalisieren

Natürlich haben Sie öfter solche Rechnungen zu schreiben und wollen nicht jedes Mal die Bezeichnungen, Artikelnummern und Preise eintragen. Das ist ein Anwendungsfall für **MS Access** oder ein anderes Datenbank- oder Buchhaltungsprogramm. Ein einfacher Notbehelf für Excel:

> ➢ Ergänzen Sie oben einige leere Zeilen, dann mit **Einfügen-Formen** ein **Rechteck** für die Adresse oben setzen. Rechte Maustaste auf diesem Rechteck und **Text bearbeiten**, dann eine Kundenadresse eintragen. Auch einen Briefkopf könnten Sie oben mittels solch eines Rahmens ergänzen. Die Füllung für den Rahmen ausschalten und ebenso die Linie, oder eine unauffällige Linie einstellen, z.B. eine gepunktete Linie.

> ➢ **Kopieren** Sie die Rechnung inklusive aller Artikel mit Nummern, Preisen und Formeln (also die ganze Zeile) auf ein neues Tabellenblatt.

> ➢ Wird später ein Artikel ergänzt, diesen ebenfalls auf dieses Tabellenblatt kopieren.

> ➢ Benennen Sie dieses Blatt um zu **Artikel**.

Dieses Blatt ist unsere Datensammlung. Bei einer neuen Rechnung so vorgehen:

> ➢ Diese **komplette Rechnung** auf ein anderes Blatt kopieren, damit alle formatierten Texte übernommen sind.

> ➢ Nicht bestellte **Artikel** löschen, Datum aktualisieren.
> > ✎ Wenn die ganze Zeile auf diese Art markiert ist, rücken die folgenden Zeilen nach, so dass keine Lücke entsteht.

> ➢ **Stückzahlen** anpassen, fertig ist die neue Rechnung.

Gerne können Sie dies wie beschrieben als Übung ausprobieren:

> ➢ Wie beschrieben, alle Artikel auf ein neues Blatt kopieren, dort einen neuen Artikel **Pausenbrot** ergänzen, Blatt in Artikel umbenennen.

> ➢ Dann alle Artikel auf ein neues **Blatt** kopieren, nicht benötigte löschen, Stückzahlen anpassen, Adresse und Datum ändern.
> > ✎ Es kann für jede neue Rechnung ein neues Blatt verwendet werden, damit die alten Rechnungen erhalten bleiben.
> > ✎ Sobald zu viele Rechnungen vorhanden sind, z.B. nach einem Monat, die Mappe als Rechnungen-Jahr-Monat speichern und eine neue Mappe beginnen.

In Excel ist auch eine **Datenübernahme** möglich, um Artikel in einer externen Datenbank zu speichern oder aus einer Datenbank einzufügen. Dafür sind umfangreiche Kenntnisse der Programmiersprache MS Visual Basic erforderlich.

8.6 Rechnung in Word übernehmen

Möglicherweise haben Sie in MS Word oder in einem anderen Textverarbeitungsprogramm bereits Ihren Briefkopf eingerichtet und möchten damit die Rechnung drucken.

Die beste Methode mit Kopieren:

➢ **Markieren** Sie, was Sie von der Rechnung in Word übernehmen wollen, dies ist meist nur die Datentabelle ohne leere Zellen.

➢ **Kopieren** drücken oder [Strg]-C,

➢ **Word** starten, Ihre Briefvorlage aufrufen, Cursor an die gewünschte Einfügeposition setzen und die Rechnung **einfügen** ([Strg]-V).

  ↳ Beachten Sie, dass aus der Excel-Tabelle in Word eine normale Tabelle wird, d.h. die Berechnungen funktionieren nicht mehr. Falls sich die Werte ändern, ggf. neu von Excel kopieren.

♦ Auf diesem Wege über die **Windows-Zwischenablage** können die Daten in jedes andere Programm übernommen werden.

Über MS Word:

♦ Wie Sie eine Briefvorlage in MS Word erstellen können, lernen Sie im ersten Band zu MS Word.

♦ Wie Sie einfache Berechnungen in Word durchführen können, ist im dritten Buch zu MS Word nachzulesen.

Import- und Exportfilter:

♦ Bei **Datei-Speichern unter** können Excel-Dateien in andere Dateiformate exportiert werden, indem Sie unten bei **Dateityp** ein anderes Format wählen.

  ↳ Nicht alle Import- und Exportfilter werden bei der Standardinstallation geladen.

  ↳ Gegebenenfalls Setup neu starten und benötigte Konvertierungsfilter nachladen.

Notizen: ....

....

....

....

....

....

....

....

9. Eine Haushaltsplanung

Sie wollen Ihre Einnahmen und Ausgaben übersichtlich festhalten? Versuchen wir dies mit Excel. Diese Berechnung ist nur beispielhaft. Um daraus eine konkrete Anwendung zu machen, müssten Sie Ihren Steuersatz eintragen und mögliche Freibeträge sowie andere Abzüge.

➢ Neue Mappe, als **Haushaltsplanung** speichern.

➢ Beginnen wir mit den **Einnahmen**, Ihrem Gehalt, von dem natürlich einige Abzüge zu berechnen sind:

Zeile:				Januar	Die Formeln:
		Gehaltsberechnung			
3	*Brutto*	Brutto Gehalt		3.000,00 €	=Zelle D3
4					
5	*Steuern*	Einkommenssteuer	22%	660,00 €	=D3*C5 (=Zelle D5)
6		Solidaritätszuschlag % von Einkommenssteuer	7,5%	49,50 €	=D5*C6
7		Kirchensteuer % von Einkommenssteuer	8%	52,80 €	=D5*C7
8		Summe Steuern:		762,30 €	=D5+D6+D7
9					
10	Versicherungen	Krankenversicherung	14,9%	447,00 €	=$D$3*C10
11		Rentenversicherung	19,5%	585,00 €	=$D$3*C11
12		Pflegeversicherung	1,7%	51,00 €	=$D$3*C12
13		Arbeitslosenversicherung	6,5%	195,00 €	=$D$3*C13
14		Summe Versicherungen:		1.278,00 €	=D10+D11+D12+D13
15		Ihr Anteil: (1/2 Arbeitgeberanteil)	0,5	639,00 €	=D14*C15
16					
17	Sonstiges	Sonstige Einnahmen			
18		Abzüge hiervon			
19					
20	*Netto*	Summe:		1.598,70 €	=D3-D8-D15 +D17-D18

➢ Da sich die Steuersätze ständig ändern, tragen wir deren Werte mit dem %-Zeichen in einer eigenen Spalte ein. So können die Sätze jederzeit geändert werden, ohne die Formeln ändern zu müssen.

✍ Wenn Sie % mit zum Wert schreiben, reicht der Verweis zur Zelle.

9.1 Automatisch Ausfüllen mit Reihe

Die nächsten **Monate** brauchen wir nicht einzeln in die folgenden Spalten einzutragen. Das übernimmt Excel für uns mit der Funktion Ausfüllen.

Reihe mit der Maus:

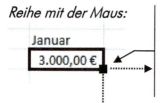

Bei angeklickten Zellen erscheint rechts unten eine **Markierung**. Die können Sie mit der Maus anfassen und nach unten oder rechts ziehen, wobei Excel Zahlen oder Wörter kopiert und z.B. bei Datums- oder Währungszahlen automatisch weiterzählt.

> ➤ **Klicken** Sie die Zelle Januar an und ziehen Sie das Kästchen nach rechts bis „Dezember".

Das Dialogfenster Reihe:

Diese Funktion mit der Maus geht für Standardfälle wie das Datum oder eine fortlaufende Zeilennummer. Gezielt einstellen lässt sich dies in dem Dialogfenster, welches wir uns deshalb schon einmal anschauen.

Wenn Sie das Menü verwenden, sind vorher die Zellen, die ausgefüllt werden sollen inklusive der Zelle mit dem ersten Wert, zu **markieren**:

> ➤ Drücken Sie Rückgängig, dann ungefähr genauso viele Zellen von Januar an nach rechts markieren.

> ➤ Dann in der Abrollliste unter Start ganz rechts **Füllbereich** wählen und weiter zu Reihe. Unten, rechts usw. würde den gleichen Wert wiederholen, wie mit dem Typ Linear im folgenden Menü.

Je nachdem, ob Zeilen oder Spalten markiert wurden, ist bereits die richtige Option ausgewählt.

Es geht mit **AutoAusfüllen** - Excel erkennt, dass die Monate eingetragen werden sollen - oder mit **Datum**, dann rechts Monat wählen.

Zu dem Inkrement:

- ♦ **1** (genauer +1) heißt: weiter zählen: Januar, Februar ... oder 1996, 1997... oder 22 €, 23 €...

- ♦ **0** würde mit dem unveränderten Anfangswert ausfüllen,

- ♦ **-1** zählt in die andere Richtung: Januar, Dezember, November... oder 1996, 1995, 1994...

- ♦ **2** zählt in 2'er-Schritten: Januar, März, Mai... oder 1996, 1998...; dementsprechend können Sie mit **10** in Zehner-Abständen weiter zählen oder andere beliebige Werte eintragen, z.B. 0,1.

9.2 Nach rechts automatisch ausfüllen

Wir machen weiter. Das Gehalt ist in jedem Monat gleich, ebenso sollen die Formeln in alle weiteren Monatsspalten kopiert werden.

Auch hierbei lassen wir uns von der Ausfüllen-Funktion die Arbeit abnehmen.

> ➢ Da die Prozentangaben in der **Spalte C** beim Ausfüllen gleich bleiben sollen, vor das C ein **$-Zeichen** setzen, z.B. =D3*$C5. Die Summen können unverändert bleiben.

> ➢ Jetzt alle Zellen bis auf den Monat in der Januar-Spalte **markieren**.

> ➢ Da diesmal die gleichen Werte eingesetzt werden sollen, reicht es, vom Kästchen aus nach rechts zu ziehen.

> > ↳ Hoppla – doch nicht? Bei dem Brutto-Gehalt hatte Excel weiter gezählt. Dieses einfach noch einmal separat nach rechts ziehen.

> ➢ Abschließend die Gehaltswerte manchmal etwas ändern, z.B. weil durch Überstunden in einigen Monaten mehr verdient wurde oder ein Weihnachtszuschlag hinzukam:

	A	B	C	D	E	F
1	**Gehaltsberechnung**					
2			Wert	Januar	Februar	März
3	**Brutto**	Brutto Gehalt		3.000,00 €	3.100,00 €	3.150,00 €
4						
5	**Steuern**	Einkommenssteuer	22%	660,00 €	682,00 €	693,00 €
6		Solidaritätszuschlag % von Einkommenssteuer	7,50%	49,50 €	51,15 €	51,98 €
7		Kirchensteuer % von Einkommenssteuer	8%	52,80 €	54,56 €	55,44 €
8		Summe Steuern:		762,30 €	787,71 €	800,42 €
9						
10	**Versicherungen**	Krankenversicherung	14,90%	447,00 €	447,00 €	447,00 €
11		Rentenversicherung	19,50%	585,00 €	585,00 €	585,00 €
12		Pflegeversicherung	1,70%	51,00 €	51,00 €	51,00 €
13		Arbeitslosenversicherung	6,50%	195,00 €	195,00 €	195,00 €
14		Summe Versicherungen: Ihr Anteil:		1.278,00 €	1.278,00 €	1.278,00 €
15		(1/2 Arbeitgeberanteil)	0,5	639,00 €	639,00 €	639,00 €
16						
17	**Sonstiges**	Sonstige Einnahmen				
18		Abzüge hiervon				
19						
20	**Netto**	Summe:		1.598,70 €	1.673,29 €	1.710,59 €

Notizen: ....

....

....

....

....

9.3 Mit Kommentaren dokumentieren

Wir ergänzen einige sonstige Einnahmen, gedacht für alle außerplanmäßigen Geldquellen:

> ➢ Tragen Sie bei **sonstigen Einnahmen** im Februar 90 und im März 100 ein, dann als Währung € formatieren.

Sonstiges	Sonstige Einnahmen		90,00 €	100,00 €
	Abzüge hiervon			
Netto	Summe:		1.688,70 €	1.751,99 €

> ➢ Registrieren Sie, wie sich die berechneten Einnahmen automatisch **ändern**.

Für solche seltenen Ereignisse kann nicht jedes Mal eine neue Zeile eingefügt werden. Damit wir trotzdem erkennen können, worum es sich jeweils handelt, dokumentieren wir dies mit einem **Kommentar**:

> ➢ Zelle 90,00 € anklicken, dann mit **rechte Maustaste-Kommentar einfügen** (Kap. 8.3) folgenden Text hinzufügen: „Flohmarkt am 14.02.11".

> ➢ Bei 100,00 € folgenden Kommentar ergänzen: „von Oma zum Geburtstag".

Beachten Sie:

♦ ob ein Kommentar vorhanden ist, wird durch ein kleines ⌐ in der Zelle oben rechts angezeigt.

♦ Der Kommentar selbst wird eingeblendet, sobald Sie die Maus über diese Zelle bewegen.

♦ Rechte Maustaste über der Zelle mit dem Kommentar und Sie können vorhandene Kommentare bearbeiten. Auch die Größe des Kommentarfensters kann dann mit der Maus an den Anfasserpunkten angepasst werden.

So könnte das Konzept aussehen:

♦ Mit **Kommentaren** können Sie sofort erkennen, worum es sich handelt.

♦ Für öfter vorkommende Posten können **neue Zeilen** ergänzt oder deren Berechnung auf separaten Blättern durchgeführt werden.

9.4 Übersicht ergänzen

Ergänzen Sie ganz rechts eine Übersicht für das gesamte Jahr:

	I	J	K	L	M	N	O	P	Q	R
1										
2	Juni	Juli	August	September	Oktober	November	Dezember	Summe:	Übersicht:	
3	3.000,00 €	3.000,00 €	3.000,00 €	3.000,00 €	3.000,00 €	3.000,00 €	3.800,00 €	37.050,00 €	Summe Gehalt	
4										
5	660,00 €	660,00 €	660,00 €	660,00 €	660,00 €	660,00 €	836,00 €	8.151,00 €		
6	49,50 €	49,50 €	49,50 €	49,50 €	49,50 €	49,50 €	62,70 €	611,33 €		
7	52,80 €	52,80 €	52,80 €	52,80 €	52,80 €	52,80 €	66,88 €	652,08 €		
8	762,30 €	762,30 €	762,30 €	762,30 €	762,30 €	762,30 €	965,58 €	9.414,41 €	Summe Steuern	
9										
10	447,00 €	447,00 €	447,00 €	447,00 €	447,00 €	447,00 €	447,00 €	5.364,00 €		
11	585,00 €	585,00 €	585,00 €	585,00 €	585,00 €	585,00 €	585,00 €	7.020,00 €		
12	51,00 €	51,00 €	51,00 €	51,00 €	51,00 €	51,00 €	51,00 €	612,00 €		
13	195,00 €	195,00 €	195,00 €	195,00 €	195,00 €	195,00 €	195,00 €	2.340,00 €		
14	1.278,00 €	1.278,00 €	1.278,00 €	1.278,00 €	1.278,00 €	1.278,00 €	1.278,00 €	15.336,00 €	Summe Versicherungen	
15	639,00 €	639,00 €	639,00 €	639,00 €	639,00 €	639,00 €	639,00 €	7.668,00 €	Anteil Versicherungen	
16										
17								190,00 €	Summe Sonstiges	
18										
19										
20	1.598,70 €	1.598,70 €	1.598,70 €	1.598,70 €	1.598,70 €	1.598,70 €	2.195,42 €	20.157,60 €	Summe Netto	
21										

Die Formeln sind sehr einfach:

> In P3 einfach das Summensymbol drücken. Diese Summe in die folgenden Zellen kopieren, dabei darauf achten, dass nicht die Spalte mit den Prozentangaben mitgezählt wird, also nur Spalte D bis O.

> Bei Übersicht nur bei den jeweiligen Gesamtsummen den passenden Texteintrag ergänzen.

Falls Sie diese Auswertung über mehrere Jahre vornehmen, könnten Sie die Jahresübersichten auf ein separates Tabellenblatt kopieren. Vor dem Kopieren sollten natürlich noch die Jahreszahlen in den Überschriften ergänzt werden.

> Erstellen Sie eine **Jahresübersicht**. Neues Tabellenblatt einfügen, dort zuerst als erste Spalte die Spalte Übersicht kopieren, bei der Spalte Summe die Jahreszahl ergänzen und dann diese daneben kopieren.

> Die berechneten Werte werden nicht kopiert, diese wieder löschen und durch Zeigen angeben: auf dem neuen Blatt z.B. Gehaltszelle anklicken, = schreiben, dann mit der Maus auf dem Einnahmen-Tabellenblatt den Wert anklicken und mit Return bestätigen.

Später könnten diese Werte verwendet werden, um die Gehalts- und Abgabenentwicklung z.B. als Diagramm darzustellen und auszuwerten. Natürlich sollten auch die Ausgaben nicht fehlen.

Übersicht: Summe 2018:	
Summe Gehalt	37.050,00 €
Summe Steuern	9.414,41 €
Summe Versicherungen	15.336,00 €
Anteil Versicherungen	7.668,00 €
Summe Sonstiges	190,00 €
Summe Netto	20.157,60 €

9.5 Die Ausgaben

Bei den Ausgaben empfiehlt es sich wieder, **mehrere kleinere, dafür überschaubare Bereiche** einzurichten, z.B. für Wohnungsfinanzierung oder für regelmäßige Ausgaben zum Lebensunterhalt, die durch Zwischensummen abgeschlossen werden. Dadurch sind Fehler leichter erkennbar.

➢ Erstellen und formatieren Sie folgende Tabelle:

Ausgaben 2011			Januar	Februar
Wohnen		Miete		
		Nebenkosten		
		Strom		
		Summe Wohnen:		
Haushalt		Essen		
		Getränke		
		Kleidung		
		Putzmittel		
		Haushaltsgeräte		
		Summe Haushalt:		
Versicherungen		Privathaftpflicht		
		Lebensversicherung		
		Hausratversicherung		
		Summe Versicherungen:		
Auto		Versicherung		
		Kfz-Steuer		
		Wartung		
		Benzin		
		Summe Auto:		
Anschaffungen		HiFi	1.299,00 €	
		Video		
		Werkzeug		
		Sonstiges		
		Summe Anschaffungen:		
Endbetrag:				

Zwischensummen helfen, überlange Formeln zu vermeiden und liefern überschaubare, leicht zu kontrollierende Zwischenergebnisse.

Kommentar: HiFi-Mini-Anlage, gekauft bei HiFi-Markt.

➢ Tragen Sie **Werte** und bei den **Zwischensummen** die passenden Formeln ein, so dass bei **Endbetrag** nur noch die Zwischensummen addiert werden müssen (durch Zeigen angeben).

➢ **Benennen** Sie die Blätter passend um zu Einnahmen und Ausgaben.

➢ Ergänzen Sie die Summe auf der **Jahresübersicht**, dann noch dort die Einnahmen- minus Ausgabensumme berechnen

3. Teil

Mit Zinsen rechnen

10. Kredit berechnen

Zunächst werden wir die Rückzahlung für den Kredit selbst ausrechnen, um das Prinzip der Rechnung darzustellen. Am Ende werden wir die Funktion RMS verwenden, die Excel für regelmäßige Zahlungen bereithält.

> ➢ Beginnen Sie eine **neue Mappe** und

> ➢ tragen Sie folgende **Werte** ein:

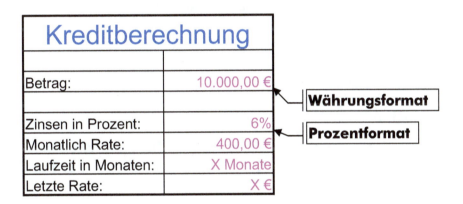

Kreditberechnung	
Betrag:	10.000,00 €
Zinsen in Prozent:	6%
Monatlich Rate:	400,00 €
Laufzeit in Monaten:	X Monate
Letzte Rate:	X €

10.1 Das Prinzip der Rechnung

Aber woher haben wir die Werte?

Wir werden – eine gute Übung für das automatische Ausfüllen – zunächst selbst die zu zahlenden Raten berechnen.

- ◆ Fest steht:
  - ✍ der gewünschte Kreditbetrag von 10.000,- €,
  - ✍ der Zinssatz von 6% und
  - ✍ die gewünschte Rückzahlungsrate von 400,- € monatlich.

- ◆ Aus diesen Werten soll die **Laufzeit** ermittelt werden,
  - ✍ wobei jeden Monat die Schuld etwas geringer wird,
  - ✍ die zu zahlenden Zinsen damit auch,
  - ✍ so dass der Rückzahlungsanteil ständig zunimmt.

10.2 Die Berechnung

Ergänzen Sie auf dem **zweiten Blatt** und tragen Sie die Überschriften ein:

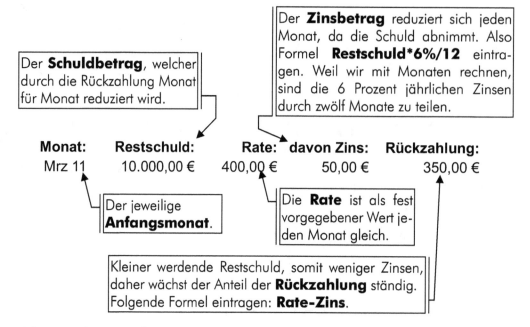

> Der **Zinsbetrag** reduziert sich jeden Monat, da die Schuld abnimmt. Also Formel **Restschuld*6%/12** eintragen. Weil wir mit Monaten rechnen, sind die 6 Prozent jährlichen Zinsen durch zwölf Monate zu teilen.

> Der **Schuldbetrag**, welcher durch die Rückzahlung Monat für Monat reduziert wird.

Monat:	Restschuld:	Rate:	davon Zins:	Rückzahlung:
Mrz 11	10.000,00 €	400,00 €	50,00 €	350,00 €

> Der jeweilige **Anfangsmonat**.

> Die **Rate** ist als fest vorgegebener Wert jeden Monat gleich.

> Kleiner werdende Restschuld, somit weniger Zinsen, daher wächst der Anteil der **Rückzahlung** ständig. Folgende Formel eintragen: **Rate-Zins**.

Alle Formeln am einfachsten nach „=" durch Zeigen angeben.

10.3 Die zweite Zeile

ist äußerst wichtig:

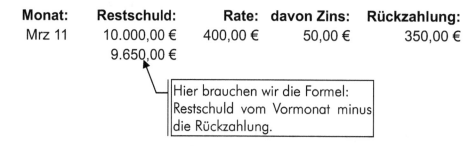

Monat:	Restschuld:	Rate:	davon Zins:	Rückzahlung:
Mrz 11	10.000,00 €	400,00 €	50,00 €	350,00 €
	9.650,00 €			

> Hier brauchen wir die Formel: Restschuld vom Vormonat minus die Rückzahlung.

Auch hier bewährt sich die Eingabe durch Zeigen:

- ♦ Zelle für die neue Restschuld (9.650) durch Doppelklicken öffnen, = schreiben, dann Restschuld 10.000 € anklicken, minus schreiben und die Rückzahlung anklicken.
  - ✍ Dadurch werden anstelle der Werte die Koordinaten eingetragen, so dass wir die Formeln relativ kopieren können.

Beim Kopieren soll der Monat weitergezählt, die Rate allerdings jeden Monat gleichbleiben und die Restschuld gemäß der Formel relativ berechnet werden. Darum werden wir die Zellen einzeln nach unten erweitern, damit die jeweils passende Option gewählt werden kann.

Notizen: ....

....

10.4 Ausfüllen

Wir wollen die restlichen Zeilen möglichst automatisch ergänzen. Jetzt ist zu bedenken, dass alle Spalten relativ weitergeführt werden sollen, nur der Wert bei **Rate** bleibt unverändert.

> ➢ Die **Rate** anklicken und mit der Maus nach unten ziehen. Wenn nur die Spalte Rate nach unten erweitert wird, bleibt der Wert unverändert.

Die restlichen Spalten:

Bei **Restschuld** sind wir durch die Formel eine Zeile tiefer.

> ➢ **Monat** und **Restschuld** einzeln nach unten ziehen, dann **Zins** und **Rückzahlung** zusammen.

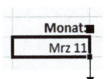

Jetzt werden die Zeilen wie gewünscht ausgefüllt:

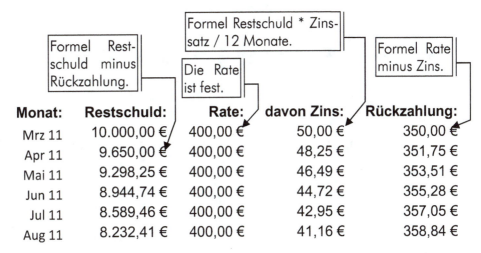

Monat:	Restschuld:	Rate:	davon Zins:	Rückzahlung:
Mrz 11	10.000,00 €	400,00 €	50,00 €	350,00 €
Apr 11	9.650,00 €	400,00 €	48,25 €	351,75 €
Mai 11	9.298,25 €	400,00 €	46,49 €	353,51 €
Jun 11	8.944,74 €	400,00 €	44,72 €	355,28 €
Jul 11	8.589,46 €	400,00 €	42,95 €	357,05 €
Aug 11	8.232,41 €	400,00 €	41,16 €	358,84 €

Ergänzen Sie weitere Zeilen, bis ein negativer Restschuldbetrag erscheint:

> ➢ Jetzt können wir **alle Spalten auf einmal** nach unten erweitern.
>
> > ✎ Nur bei der **Rate** würde Excel weiterzahlen, diese dann einfach separat mit der Maus nach unten erweitern.

Der Schuldbetrag wird immer geringer, der Anteil der Rückzahlung darum von Monat zu Monat größer, das Ende ist bei Umkehrung zu negativen Schuldwerten erreicht. Im letzten Monat ist nicht mehr die volle Rate zu entrichten.

Monat:	Restschuld:	Rate:	davon Zins:	Rückzahlung:
Mrz 13	1.098,82 €	400,00 €	5,49 €	394,51 €
Apr 13	704,31 €	400,00 €	3,52 €	396,48 €
Mai 13	307,83 €	400,00 €	1,54 €	398,46 €
Jun 13	-90,63 €	400,00 €	-0,45 €	400,45 €

In diesem Monat wandelt sich die Schuld zu einem Guthaben. Das soll nicht sein, so dass sich als **letzte Rate** im Mai 2013 durch manuelle Rechnung ergibt:
307,83 € (Restschuld) + 1,54 € (Zinsen) = 309,37 €.
Damit wäre der gesamte Kredit inklusive Zinsen getilgt. Korrigieren Sie die letzte Rückzahlung auf diesen Wert (Formel eintragen).

10.5 Zeilen zählen

Letzte Frage: wie **viele Monate** wurde nun zurückgezahlt?

> ➤ Zuerst die Monate mit negativer Rückzahlung **löschen**.

In diesem einfachen Fall könnten Sie die letzte Zeile anklicken, links die **Zeilennummer** ablesen und davon die Titelzeilen abziehen, ergibt 27 Zeilen, also 27 Monate Rückzahlung. Oder die Monate **markieren** und unten in der Statusleiste deren Anzahl ablesen.

Natürlich gibt es hierfür eine Formel, die manchmal recht praktisch ist:

> ➤ Nächste Zeile nach Mai13 anklicken und auf das Symbol **fx** klicken.
>
> Wählen Sie die Formel **Anzahl** aus. Diese finden Sie evtl. bei „zuletzt verwendet", sonst bei **Alle** oder in der Gruppe **Statistik**.

> ➤ Nach OK alle Zellen **markieren**, die gezählt werden sollen, sobald Sie bei dem folgenden Fenster sind.

> ➤ Abschließend ist für das Ergebnis das **Zahlenformat** von Datum auf eine normale Zahl umzustellen, bis 27 angezeigt wird.

28	Mrz 13	1.098,82 €	400,00 €	5,49 €	394,51 €
29	Apr 13	704,31 €	400,00 €	3,52 €	396,48 €
30	Mai 13	307,83 €	400,00 €	1,54 €	398,46 €
31					
32					
33	**Anzahl der Monate:**	27			
34	**Letzte Rate:**	309,37 €			
35					

10.6 Werte variieren

Sie könnten auf der zweiten Berechnungsseite die Tabelle nach unten verlängern, dann verschiedene Kreditbeträge und Raten oben eintragen und Anhand des Wechsels zu negativen Zahlen die Rückzahlungsdauer einsehen

> Die manuelle Berechnung per Tabelle kann aber leider nicht die Anzahl der Monate automatisch verlängern oder verkürzen.

Um eine wirklich flexible Berechnung zu erhalten, brauchen wir folglich die passende Formel von Excel.

11. Die Finanzformel RMZ

Diese Berechnung von Hand ist doch etwas aufwendig, besonders, wenn Änderungen der Laufzeit oder Beträge gewünscht sind. Gut zur Übung, um das Prinzip zu verstehen. Versuchen wir dasselbe mit der dafür vorgesehenen Excel-Funktion **RMZ** für regelmäßige Zahlung.

Mit der Funktion **RMZ** kann die monatliche Zahlung sowohl für einen Kredit als auch beim Sparen errechnet werden. Der Unterschied liegt nur im Vorzeichen. Berücksichtigt wird Zins und Rückzahlung, bzw. Sparleistung.

> ➢ Damit die Übung in einer Arbeitsmappe bleibt, verwenden wir nun das **dritte Tabellenblatt**.

> ➢ **Kopieren** Sie die Übersicht von Blatt 1 auf Blatt 3, damit wir nicht alles neu schreiben müssen.

> ➢ **Benennen** Sie die Blätter passend um, z.B. in Ergebnis 1, Rechnung 1 und RMZ.

So sollte Tabelle 3 vorläufig aussehen:

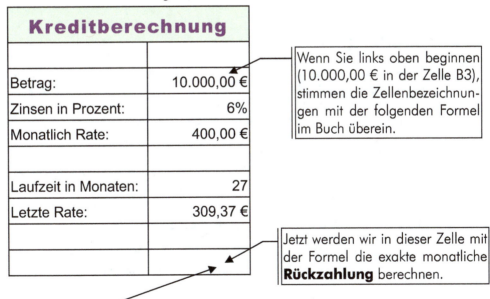

Kreditberechnung	
Betrag:	10.000,00 €
Zinsen in Prozent:	6%
Monatlich Rate:	400,00 €
Laufzeit in Monaten:	27
Letzte Rate:	309,37 €

Wenn Sie links oben beginnen (10.000,00 € in der Zelle B3), stimmen die Zellenbezeichnungen mit der folgenden Formel im Buch überein.

Jetzt werden wir in dieser Zelle mit der Formel die exakte monatliche **Rückzahlung** berechnen.

> ➢ Zelle anklicken, **Formelsymbol fx** drücken und aus

> ➢ den Kategorien „Alle" oder „Finanzmathematik" die Formel **RMZ** auswählen.

11.1 Das Eingabemenü

Nach OK können Sie die Werte für die Formel eintragen:

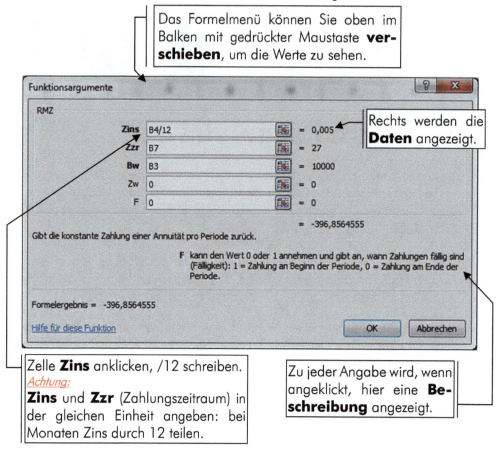

Das Formelmenü können Sie oben im Balken mit gedrückter Maustaste **verschieben**, um die Werte zu sehen.

Rechts werden die **Daten** angezeigt.

Zelle **Zins** anklicken, /12 schreiben.
Achtung:
Zins und **Zzr** (Zahlungszeitraum) in der gleichen Einheit angeben: bei Monaten Zins durch 12 teilen.

Zu jeder Angabe wird, wenn angeklickt, hier eine **Beschreibung** angezeigt.

> ➢ **Verschieben** Sie das Menü und tragen Sie die Werte durch **Zeigen** mit der Maus ein.

11.2 Erläuterungen

♦ **Zins** ist der Zinssatz, bitte durch 12 teilen, weil wir den Zins pro Monat benötigen, da meist der

♦ Zahlungszeitraum **Zzr** in Monaten eingetragen wird.

> Sie können natürlich auch den Zins pro Jahr eintragen und die Laufzeit ebenfalls in Jahren, aber Vorsicht: hier liegt die größte **Fehlerquelle**, wenn die Angaben nicht zueinander passen!

♦ Bei **Bw** (für <u>B</u>ar<u>w</u>ert) wird der Kreditbetrag eingetragen:
    ✎ Bei einem Kredit die Kreditsumme und Zw = 0
    ✎ beim Sparen ist Bw Null und Zw der gewünschte Endbetrag.

♦ **Zw** (<u>Z</u>ukünftiger <u>W</u>ert) ist der angestrebte Endwert,
    ✎ bei einem Kredit meistens 0,
    ✎ bei einem Sparvertrag die gewünschte Sparsumme.
    ✎ Ist kein Zw eingetragen, gilt das als 0.

♦ **F** ist die Fälligkeit, siehe folgende Tabelle.

↳ Wenn Sie den Zahlungszeitraum und den Zins in einer anderen Einheit angeben, z.B. in **Jahren**, gilt die Fälligkeit F automatisch für diese Perioden, also z.B. mit 0 zum Jahresende.

F	Zahlung fällig:
0	Am **Monatsende** (kein Eintrag = 0)
1	Am **Monatsanfang**

11.3 Die Funktion

Wenn Sie mit OK *bestätigen, wird folgende Funktion eingetragen:*

=RMZ(B5/12;B7;B3;0;0)

Der Ratenbetrag von **-396,86 €** wird errechnet.

♦ Eine kleine Differenz zu unserem Ergebnis, die daraus resultiert, da

↳ Excel nicht einen letzten Ausgleichsmonat einfügt,

↳ sondern einen vom ersten zum letzten Monat gleichbleibenden Wert errechnet.

Falls Sie die Funktion direkt ändern wollen:

RMZ(Zins; Zzr; Bw; Zw; F) heißt:
Zins; Zahlungszeitraum; Barwert; zukünftiger Wert; Fälligkeit.

> Beachten Sie wieder, **gleiche Zeiteinheiten** für Zins und Zzr zu verwenden, also meist die Zinsen für Monate durch zwölf teilen.

Tip:

♦ **RMZ** liefert den monatlich zu zahlenden Betrag.

♦ **Zzr** (die Laufzeit in Monaten) gibt an, wie oft Sie diesen Betrag bezahlen oder ansparen müssen.

↳ Multiplizieren Sie beide Werte in einer weiteren Zelle und Sie erhalten den von Ihnen zu leistenden **Gesamtbetrag**.

Notizen: ....
....
....
....
....
....
....

Stellen Sie die Kreditberechnung mit der Formel RMZ fertig:

Kreditberechnung	
Betrag:	10.000,00 €
Zinsen in Prozent:	6%
Laufzeit in Monaten:	27
Rate (am Monatsende):	**396,86 €**
Insgesamt zu zahlen:	-10.715,12 €

Jetzt können Sie beliebige Werte einsetzten:

➢ Ermitteln Sie die Werte für Kreditbeträge von 20.000 und 300.000 € sowie für einen Zinssatz von nur 4 Prozent oder eine doppelt so lange Laufzeit.

Mit RMZ können Sie folglich errechnen, welcher Betrag monatlich aufzubringen ist, um einen Kredit abzuzahlen.

11.4 Excel-Kreditvorlage

Auch bei den **Excel-Vorlagen** mit Datei-Neu, finden Sie unter „Weitere Vorlagen" bei der Kategorie „Rechner" Vorlagen zur Kreditberechnung.

Einige Vorlagen sind für $, dann für die Zellen auf Euro umschalten, andere sind mit einem Blattschutz versehen, der für Anpassungen aufgehoben werden muss, um die geschützten Zellen bearbeiten zu können.

➢ Direkt unter Start finden Sie im Abrollmenü Format den Punkt **Blattschutz aufheben**. Danach können Sie die Formeln anklicken und begutachten oder die Vorlage verwenden, indem Sie eigene Formeln eintragen.

➢ Abschließend könnten Sie, wenn gewünscht, den **Blattschutz** wieder setzen (umgekehrt wie abschalten).

✎ Falls Sie ein Passwort vergeben, kann der Schutz nur mit diesem Passwort aufgehoben werden, also nicht vergessen!

Die Programmierung dieser Vorlagen erfolgte mit Excel-Formeln und MS Visual Basic.

12. Ein Sparbrief

Ebenfalls mit RMZ gehen wir nun den umgekehrten Weg. Wir zahlen keine Schuld ab, sondern sparen an.

Beachten Sie jedoch, dass mit RMZ wieder nur der gewünschte Endbetrag vorgegeben und der zu leistende monatliche Einsatz ermittelt werden kann.

Es ist mit RMZ nicht möglich, zu ermitteln, welchen Endbetrag Sie mit einer bestimmten monatlichen Sparsumme über eine bestimmte Zeit erzielen würden. Dafür gibt es die Formel ZW, die anschließend vorgestellt wird.

12.1 Betrag ansparen

➤ Ein neues Blatt für diese Übung verwenden. Errechnen Sie, welche monatlicher Sparleistung bei dem aktuellen Zinssatz in drei Jahren gezahlt werden müsste, um die Endsumme anzusparen:

Sparen mit RMZ	
Anzahlung:	
Sparrate:	
Zinsen in Prozent:	5 %
Laufzeit in Jahren:	3
Endwert:	10.000 €

Errechnen Sie den erforderlichen Sparbetrag.

➤ Versuchen Sie, mit **RMZ** die monatliche Rate herauszubekommen.

Anmerkungen:

♦ Da wir sparen, gibt Excel einen negativen Wert aus.

> Immer wenn Sie Beträge einzahlen, sind diese negativ.

♦ Die Zahlung soll am **Monatsanfang** erfolgen, damit es auf das Geld Zinsen gibt.

Zur Eingabe:

- ♦ **Zins**: den Zinssatz in Prozent durch 12 Monate teilen.

- ♦ **Zzr**: die Zelle mit dem Zahlungszeitraum anklicken und mal 12 Monate nehmen, da der Zeitraum in Jahren angegeben ist und wir den monatlich zu zahlenden Betrag errechnen wollen.

- ♦ **Bw**: falls keine Anzahlung erfolgt, ist der aktuelle Barwert 0, wenn Sie ein Anfangskapital einsetzen, z.B. eine anfängliche Einzahlung von 5.000 €, so ist diese Angabe wieder als **negativer** Wert einzutragen.

- ♦ **Zw** für den zukünftigen Endwert. Dort die Zelle mit dem Endwert von 10.000 € wählen.

Kleine Varianten:

- ➢ Führen Sie obige Berechnung durch, aber in einer weiteren Zeile mit dem **Anfangskapital** von 1.000 €. Also noch einmal RMZ oder manuell in der Formel abändern: =RMZ(B4/12;B5*12;-1000;B6;1).

12.2 Die Sparraten ermitteln

Jetzt soll der Endbetrag ermitteln werden, der mit einer bestimmten Sparsumme erreicht werden kann. Hierfür gibt es die Funktion Zw.

- ➢ Tragen Sie die gewünschten Werte auf einem neuen Blatt ein.

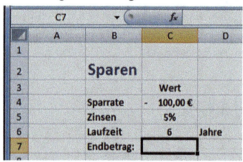

- ➢ In der nächsten Zeile können Sie dann mittels des Funktionsassistenten die Funktion **ZW** aufrufen.

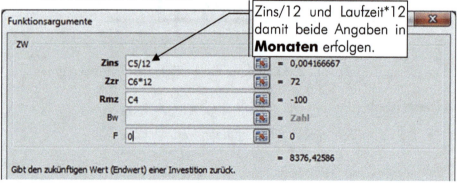

- ➢ Da wir die Zellen anklicken, statt die Werte einzutragen, können Sie die Werte ändern und somit andere Bedingungen simulieren. Das ist auch zur Kontrolle gut. Wählen Sie zur Überprüfung der Formel eine Laufzeit von einem Jahr sowie von 10 Jahren.

12.3 Sparen in Handarbeit

Es ist nicht nur zur Überprüfung sinnvoll, die Sparentwicklung in Handarbeit zu berechnen, sondern z.B., weil damit individuelle Sonderzahlungen mit Datum eingetragen und Zinsschwankungen berücksichtigt werden könnten.

Eine Tabelle könnte so eingerichtet werden:

Die Formel **=D$4+F3+G3**. Der monatlich gleiche Sparbetrag von 100 € plus dem vorigen Wert F3 plus die Zinsen. Der Sparbetrag D$4 wird absolut gesetzt, damit beim Kopieren nicht weitergezählt wird.

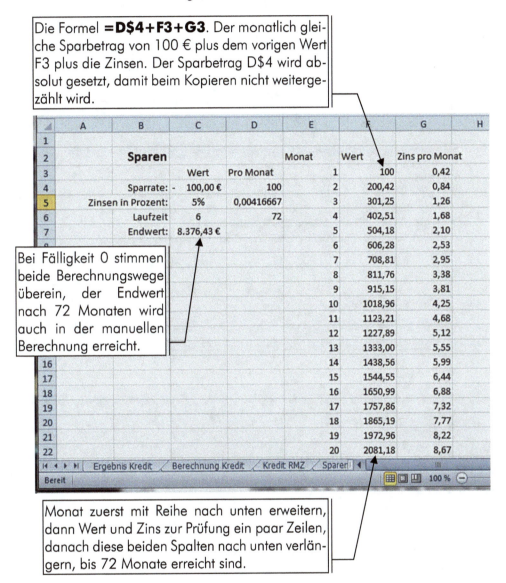

Bei Fälligkeit 0 stimmen beide Berechnungswege überein, der Endwert nach 72 Monaten wird auch in der manuellen Berechnung erreicht.

Monat zuerst mit Reihe nach unten erweitern, dann Wert und Zins zur Prüfung ein paar Zeilen, danach diese beiden Spalten nach unten verlängern, bis 72 Monate erreicht sind.

Für die fortlaufende Zeilennummerierung ist zuerst die Funktion Reihe anzuwenden, wenn alle drei Spalten einige Zeilen ausgefüllt sind, können diese auch zusammen nach unten mit der Maus verlängert werden.

Die Handberechnung ergibt 8.376.43 Euro, was der Formel ZW mit der Fälligkeit 0 entspricht, d.h. Zahlung der Zinsen am Monatsende. Zinsen am Monatsanfang wäre bei einem Kredit anzuwenden.

12.4 Hilfe für die Formeln

Im Funktionsassistenten finden Sie bei jeder Funktion unten „Hilfe für diese Funktion". In dem hiermit erscheinenden Hilfemenü werden die Formeln ausführlich beschrieben, hier am Beispiel der Funktion LIA.

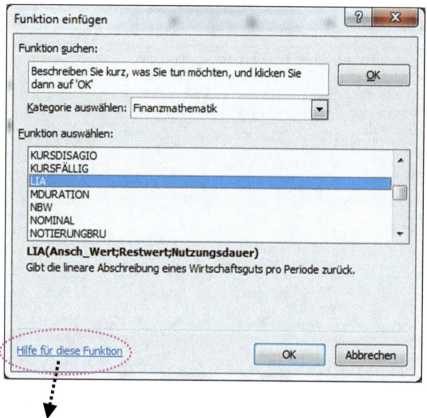

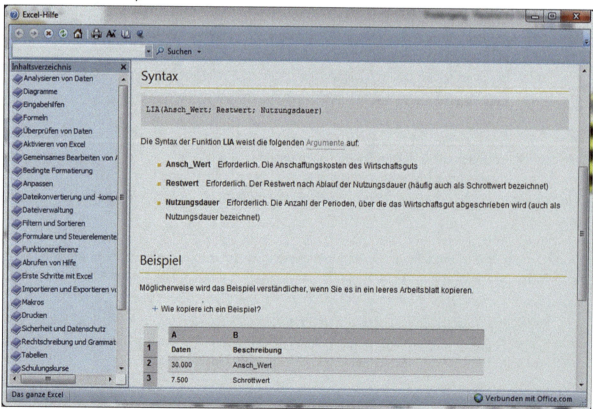

KAMI PRINT VERLAG © DIPL.-ING. (FH) PETER SCHIEßL

4. Teil

Erweiterte Formatierungen

13. Ausblenden, Zeichnen

13.1 Ausblenden

Zum Abschluss **formatieren** wir die Kredit- oder Zinsberechnung ansprechend mit einer kleinen Erweiterung. Die vielen Linien aller nicht benutzten Zellen stören das Gesamtbild. Versuchen Sie es folgendermaßen:

> ➤ Markieren Sie die auf dem Bildschirm **nicht benötigten Zeilen**,

 ➤ dann als **Hintergrundfarbe** mit dem Farbeimer weiß auswählen.

> ➤ Auch die nicht benutzten **Spalten** markieren und weiß formatieren.

Jetzt die Überschrift:

> ➤ Rechte Maustaste-Zeilenhöhe 28 für die Überschrift vorgeben (geht nicht, wenn die Zelle mit Doppelklicken geöffnet wurde).

> ➤ Überschrift markieren, rechte Maustaste und Zellen formatieren. **Schriftgröße** auf **20 pt** erhöhen, vertikale **Ausrichtung** über beide Spalten, Textfarbe und **Rahmen** einstellen.

> ➤ Mit Rahmenlinien und Zellenformatvorlagen ansprechend formatieren.

> ➤ Ergänzen Sie die **Leerzeilen**, um die Berechnung in übersichtliche Blöcke zu gliedern.

So könnte es werden:

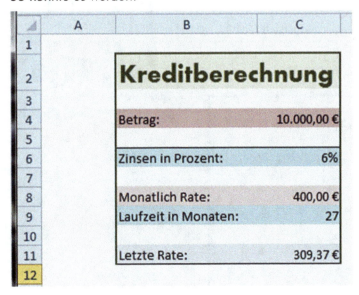

13.2 Zeichnen im Excel

Für das **Rechteck** können wir auch die Zeichenfunktionen benutzen.

> ➢ Rahmenlinien löschen, dann auf der Karteikarte **Einfügen** bei Formen ein **Rechteck** mit gedrückter Maustaste über die Tabelle ziehen:

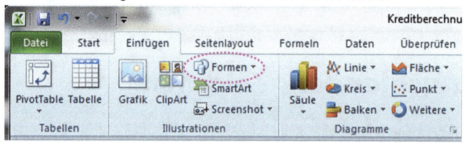

Es erscheint automatisch die Symbolleiste Zeichnen:

Bei Fülleffekt die Füllung abschalten.

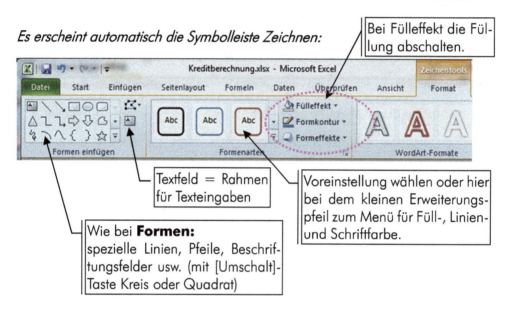

Textfeld = Rahmen für Texteingaben

Voreinstellung wählen oder hier bei dem kleinen Erweiterungspfeil zum Menü für Füll-, Linien- und Schriftfarbe.

Wie bei **Formen:** spezielle Linien, Pfeile, Beschriftungsfelder usw. (mit [Umschalt]- Taste Kreis oder Quadrat)

Tipp: Maus auf einer Schaltfläche kurz nicht bewegen, dann wird die Bedeutung angezeigt.

> ➢ Zeichnen Sie ein **Rechteck** über die ganze Tabelle, dann dessen Füllfarbe ausschalten:
>
> ✎ Dafür Rechteck anklicken und
>
> ✎ in der Symbolleiste beim Fülleffekt „Keine Füllung" wählen.

Die Symbolleiste ausschalten:

Einfach eine andere Zelle anklicken, dann wird wieder die normale Symbolleiste angezeigt.

Weitere Formatierungen:

Bei den Formen (früher AutoFormen) finden Sie zahlreiche vorgefertigte grafische Formen, z.B. ein Rechteck mit abgerundeten Ecken, ein Achteck, diverse Pfeile, Symbole für Flußdiagramme, Sterne und Banner.

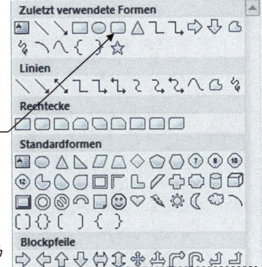

Rechteck mit abgerundeten Ecken.

Alle Autoformen können Sie nachträglich ändern:

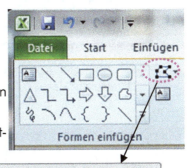

- ◆ **Abgerundete Ecken** gehen nachträglich so:

  - ✎ Rechteck anklicken,

  - ✎ dann ganz oben im Programmbalken Zeichentools anklicken und bei

  - ✎ **Form ändern** das abgerundete Rechteck wählen.

Bei allen Autoformen können Sie Text ergänzen:

- ◆ **Form anklicken** und einfach los schreiben oder **rechte Maustaste** auf der AutoForm und „**Text bearbeiten**" wählen.

- ◆ Bei allen Autoformen finden Sie mittels der **rechten Maustaste**, dann „**Form formatieren**" zahlreiche Einstellmöglichkeiten, z.B. diverse Füllmuster oder Farbverläufe.

Übung abschließen:

- ➢ **Benennen** Sie die Blätter passend um: Kredit, Berechnung, Kredit mit RMZ, Sparen mit RMZ.

- ➢ **Drucken** Sie die Tabelle aus. Anhand von dem Ausdruck die Tabelle fertig einstellen, da je nach Drucker das Ergebnis anders ausfällt.

13.3 AutoFormat

Neben den Vorlagen für neue Tabellen können Sie existierenden Tabellen voreingestellte Formatierungen zuweisen.

Bisher haben wir Tabellen von Hand formatiert, um alle Einstellmöglichkeiten kennenzulernen. Excel kann Standardtabellen selbständig formatieren.

Sollten die Tabellen Besonderheiten aufweisen, etwa mehrere Überschriften, können Sie weiterhin von Hand formatieren oder die automatische Formatierung nachbearbeiten.

> ➢ Öffnen Sie die Übung **PKW-Wertverlust** (Datei-Zuletzt verwendet).

♦ **Als Tabelle formatieren**: hier können Sie wie früher mit AutoFormat Tabellen automatisch formatieren, indem diesen Farbschemas zugewiesen werden. Vorgehen:

> ➢ Zuerst die gewünschte Tabelle **markieren**, dann bei „Als Tabelle formatieren" ein Farbschema auswählen.

> ↳ Es erscheint folgendes Hinweisfenster:

Anklicken, damit die erste Zeile als **Überschrift** formatiert wird.

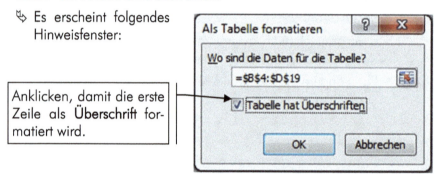

♦ **Zellenformatvorlagen**: hier finden Sie verschiedene Farbzusammenstellungen, die zuvor markierten Zellen zugewiesen werden können.

> ↳ Damit können auch nachträglich einzelne Bereiche umformatiert werden, um z.B. eine automatisch formatierte Tabelle noch individuell anzupassen.

♦ **Bedingte Formatierung**: hier kann vorgegeben werden, dass z.B. Zellen mit negativen Werten farbig hervorgehoben werden. Zweck: automatische Markierung von kritischen Werten.

> ➢ Formatieren Sie auch die **Tabellenblätter der Kreditberechnung** mit der AutoFormat-Funktion neu. Probieren Sie mehrere unterschiedliche Muster aus.

Mit **Rückgängig** können Sie Formatierungen wieder entfernen und somit verschiedene Varianten nacheinander ausprobieren.

14. Zwischenablage, ClipArts

[Strg]-F1

Mehr Platz für die Tabelle gewünscht? Gerade wenn Sie in eine komplizierte Berechnung vertieft sind, brauchen Sie die dicke **Symbolleiste** vielleicht nicht. Mit **[Strg]-F1** können Sie diese jederzeit ein- und ausblenden.

Den **Aufgabenbereich** gibt es seit der 2007er Versionen nicht mehr. Die Funktionen wurden überwiegend unter Datei verschoben.

14.1 Die Zwischenablage

Direkt unter Start können Sie links den kleinen Erweiterungspfeil bei Zwischenablage drücken, um diese einzublenden.

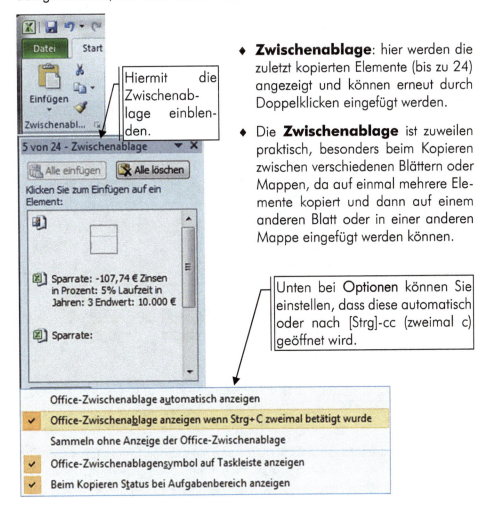

Hiermit die Zwischenablage einblenden.

♦ **Zwischenablage**: hier werden die zuletzt kopierten Elemente (bis zu 24) angezeigt und können erneut durch Doppelklicken eingefügt werden.

♦ Die **Zwischenablage** ist zuweilen praktisch, besonders beim Kopieren zwischen verschiedenen Blättern oder Mappen, da auf einmal mehrere Elemente kopiert und dann auf einem anderen Blatt oder in einer anderen Mappe eingefügt werden können.

Unten bei **Optionen** können Sie einstellen, dass diese automatisch oder nach [Strg]-cc (zweimal c) geöffnet wird.

Office-Zwischenablage automatisch anzeigen

✓ Office-Zwischenablage anzeigen wenn Strg+C zweimal betätigt wurde

Sammeln ohne Anzeige der Office-Zwischenablage

✓ Office-Zwischenablagensymbol auf Taskleiste anzeigen

✓ Beim Kopieren Status bei Aufgabenbereich anzeigen

14.2 ClipArts oder Fotos einfügen

Auf der Karteikarte **Einfügen** können Sie sowohl Fotos als auch ClipArts einfügen sowie Formen, Diagramme, Tabellen oder Hyperlinks…:

♦ Wenn Sie Grafik anklicken, erscheint ein Fenster ähnlich dem Windows Explorer, in dem eine Bilddatei ausgewählt werden kann.

♦ Bei ClipArts wird ein Andockfenster geöffnet, in dem der Rechner nach ClipArts abgesucht werden kann.

Im abgebildeten Beispiel wurde nach Auto gesucht, die gefundenen Bilder werden mittels kleiner **Vorschaubildchen** komfortabel angezeigt und können mit der Maus in die Mappe gezogen und so eingefügt werden.

Sie können Bilder auf viele Arten **einfügen**: einfach auf das Bild doppelklicken, rechte Maustaste darauf, dann Einfügen oder in das Tabellenblatt hinüberziehen.

Eingefügte ClipArts können Sie mit gedrückter linker Maustaste **verschieben** oder, wenn angeklickt und dadurch markiert, an den **Anfasserpunkten** am Rand in der Größe ändern.

Hiermit können Sie ClipArts von der Microsoft-Homepage anzeigen. Einfügen mit rechter Maustaste-Kopieren, dann in der Excel-Tabelle einfügen.

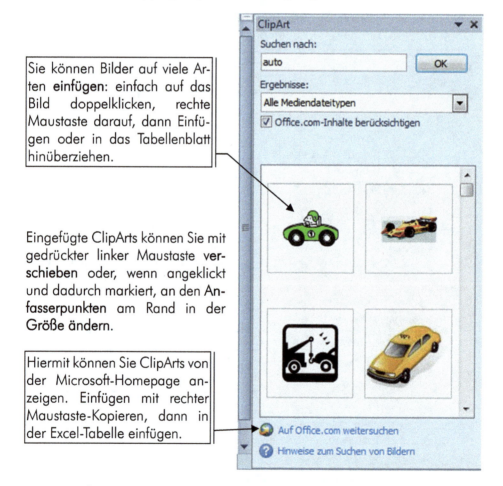

Bei Start-Alle Programme-MS Office… finden Sie bei den Office Tools den **Clip Organizer**, ein kleines Programm zum suchen und Anzeigen von ClipArts. Mit „Suchen" den Rechner nach ClipArts absuchen lassen, am besten auch nach einem Stickwort.

Sie können die Grafik oder das Foto auf zahlreiche Arten einstellen, z.B. mit vorgefertigten 3D-Rahmen versehen. Die Befehle hierzu erscheinen, wenn Sie das eingefügte Bild anklicken und Bildtools wählen, bzw. die rechte Maustaste darauf drücken und **Grafik formatieren** wählen.

- Bei diesen **Bildtools** finden Sie sehr interessante Funktionen,
  - z.B. können Sie bei **Farbe** neben zahlreichen Farbeffekten auch eine transparente Farbe bestimmen, die somit ausgeblendet wird, womit ein einfarbiger Bildhintergrund entfernt wird,
  - oder bei **Bildeffekte** Schatten, Leuchten oder 3D-Drehungen hinzufügen oder mit
  - **Zuschneiden** Bildränder wie mit einer Schere abschneiden.

- Sie können ClipArts im Excel jedoch nicht als Hintergrund formatieren.
  - Ein Foto kann nur als **Hintergrund** verwendet werden, indem Sie dieses auf der Karteikarte **Seitenlayout** mit dem Befehl **Hintergrund** einfügen.

14.3 Mappe freigeben und schützen

Um Arbeiten gemeinsam zu verwenden oder erstellte Tabellen anderen zugänglich zu machen, gibt es einige Möglichkeiten, die meisten finden Sie bei **Datei-Speichern und Senden**:

- Eine **Kopie** dieser Arbeitsmappe an eine E-Mail-Nachricht anfügen….
  - Jeder Empfänger erhält eine Kopie der Mappe, jeder könnte aber diese Kopie bearbeiten und ändern, damit wird es später schwierig, die verschiedenen Änderungen einzuarbeiten. Damit ist diese Variante nur geeignet, wenn nicht mehr gemeinsam an dieser Mappe weitergearbeitet wird.
  - Wenn Sie verhindern wollen, dass die Empfänger die Arbeit verändern können, schützen Sie die Mappe vorher mit einem Passwort. Das geht auf der Karteikarte **Überprüfen** mit „Arbeitsmappe schützen" (s. Seite 100).
  - Als Alternative zu dem Schutz der Mappe könnten Sie diese gleich als **PDF-Kopie** versenden (auch bei Datei-Speichern und Senden).
  - Eine **XPS-Kopie** soll den gleichen Zweck wie pdf erfüllen, indem die Formatierung weitgehend erhalten bleibt.

- Mit der anderen Option, „**Eine E-Mail-Nachricht erstellen, die einen Link zu dieser Arbeitsmappe enthält**", können mehrere Nutzer an der gleichen Mappe arbeiten.
  - Wird diese gleichzeitig geöffnet, erscheint beim nächsten Benutzer eine Warnung, dass diese nur schreibgeschützt geöffnet werden kann.
  - Voraussetzung ist jedoch, dass alle auf den Speicherort der Mappe auch zugreifen können, was nur in **Firmennetzwerken** für zugelassene Anwender möglich sein sollte.

Mappe schützen oder Freigeben auf der Karteikarte Überprüfen:

Hier können Sie das aktuelle Blatt oder die ganze Arbeitsmappe schützen sowie diese freigeben. Bei der **Freigabe** gibt es diese Varianten:

- **Arbeitsmappe freigeben:** die Mappe wird freigegeben, so dass andere Benutzer auf diese zugreifen und die Mappe bearbeiten können.

  - Wenn Sie „**Bearbeitung von mehreren Benutzern zu gleichen zeit zulassen …**" ankreuzen, können Sie auf der Karteikarte **Weitere** den Änderungsverlauf einstellen.

  - Wenn Sie die Mappe in einem in Ihrem Netzwerk freigegebenen Ordner oder Speicherbereich speichern oder dorthin kopieren, können auch Mitglieder Ihrer **Arbeitsgruppe** von anderen PCs in Ihrem Netzwerk diese Mappe bearbeiten.

  - Damit sichergestellt bleibt, dass wirklich nur Mitglieder Ihres Netzwerkes und nicht Fremde auf Ihre Mappen zugreifen können, ist Ihr **Netzwerk zu schützen** (Firewall und bei einem Funknetzwerk verschlüsselte und passwortgeschützte Übertragung (z.B. WPA-PSK) einzustellen.

- **Arbeitsmappe schützen und freigeben:** zusätzlich zum Freigeben wird hiermit unterbunden, dass andere Benutzer das Nachverfolgen der Änderungen abschalten können.

- **Benutzer dürfen Bereiche bearbeiten:** wenn eine Mappe geschützt ist, können hier Bereiche, z.B. die Zellen von A1 bis C10 angegeben werden, so dass dieser Bereich trotz Blattschutz von anderen Benutzern geändert werden kann.

  - Mit „**Neu**" ist ein Bereich, der geändert werden darf, auszuwählen. Weitere Bereiche können mit Neu ergänzt werden.

Die Tabelle kann damit auf einen im Netzwerk freigegebenen Arbeitsbereich verschoben werden, so dass andere Mitglieder der Arbeitsgruppe darauf zugreifen können.

Bei Datei-Speichern und Senden haben Sie folgende Möglichkeiten:

- **Im Web speichern:** geht nur mit Windows Live. Wenn Sie sich dort anmelden, können Sie die Mappe im Web speichern und damit überall darauf zugreifen, z.B. auf Geschäftsreisen. Sie können diese Daten auch für andere freigeben.

  - Aktuell für private Zwecke kostenlos, was jedoch von unserer Seite nicht garantiert werden kann, daher bitte vorher informieren, von Microsoft wird jedoch deutlich auf evtl. anfallende Gebühren aufmerksam gemacht.

- **In SharePoint speichern:** ähnlich obigem, jedoch kostenpflichtig.

15. Die Excel-Vorlagen

15.1 Vorlage auswählen

zum Auswählen einer Vorlage klicken Sie auf **Datei**, dann **Neu**.

Das erscheinende Fenster ermöglicht die Auswahl einer Vorlage:

Die „**Verfügbaren Vorlagen**" sind bereits auf Ihrem Rechner installiert, bei „**Meine Vorlagen**" würden selbst erstellte angezeigt.

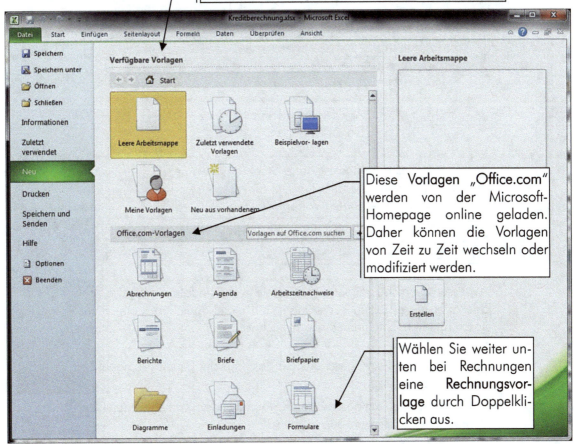

Diese Vorlagen „**Office.com**" werden von der Microsoft-Homepage online geladen. Daher können die Vorlagen von Zeit zu Zeit wechseln oder modifiziert werden.

Wählen Sie weiter unten bei Rechnungen eine **Rechnungsvorlage** durch Doppelklicken aus.

Vorlagen enthalten **Makros**. Makros könnten Viren enthalten. Darum erscheint möglicherweise eine Warnmeldung. Da wir in diesem Fall eine Original-Microsoft-Datei öffnen, können Sie mit einiger Sicherheit die **Makros aktivieren**, damit alles bei der Vorlage funktioniert.

15.2 Umgang mit einer Vorlage

Ein paar kleine Tipps, wie die Vorlagen aufgebaut sind. Denn die Grundelemente kennen Sie bereits.

> ➤ Öffnen Sie eine **Rechnungsvorlage**.

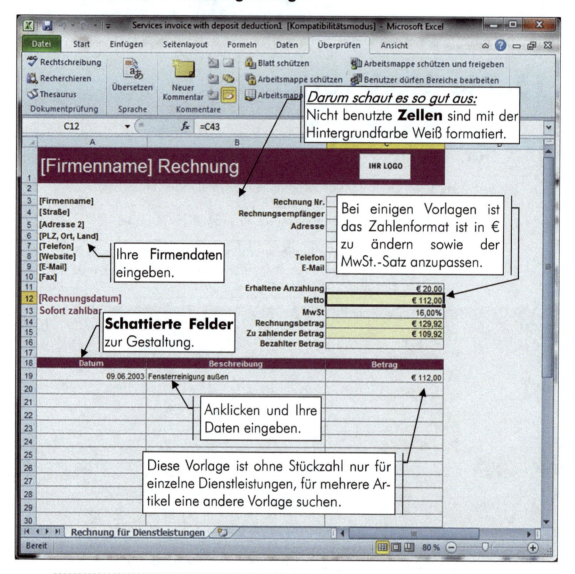

Vergessen Sie nicht, ggf. Ihre angepasste Vorlagendatei als eigene Vorlage oder die erstellten Rechnungen mit Datei-Speichern unter unter einem anderen Dateinamen abzuspeichern.

♦ Manche Vorlagen sind **geschützt**, so dass nur die Daten () eingegeben werden können.

> ✍ Wenn Sie solch ein geschütztes Formular ändern wollen, ist bei Überprüfen der Blattschutz aufzuheben.

♦ **Manche Felder** enthalten Formeln, folglich hier nichts von Hand eingeben!

> ✍ Bei vielen Vorlagen sind die Formeln interessant und können z.B. in eigene Mappen übernommen werden.

15.3 Vorlage anpassen

Die Vorlage schaut zwar auf den ersten Blick nicht schlecht aus, ist jedoch so in fast allen Fällen nicht verwendbar, da z.B. keine Menge angegeben werden kann und keine Rabatte vorgesehen sind. Aber Sie können z.B. die einfache **Rechnung1** öffnen und die schönen farbigen Formatierungen mit Format übertragen übernehmen.

> Das aktuelle **Datum** mit [Strg]-. (Punkt) eintragen. Wenn Sie die Formel „Heute" verwenden würden und später die Rechnung öffnen, wäre das aktuelle Datum vorhanden, so dass das Rechnungsdatum verloren wäre.

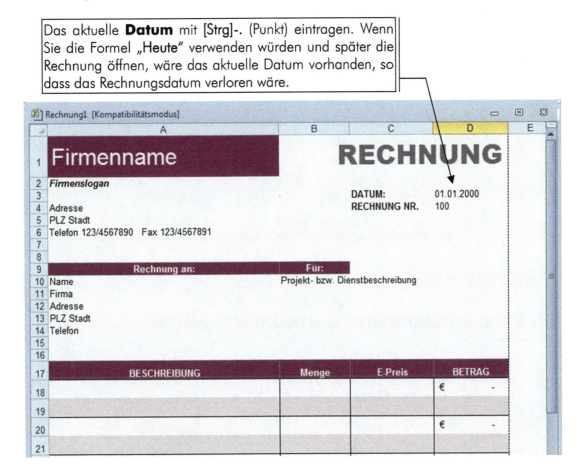

Weitere empfehlenswerte Änderungen:

> ➤ Ändern Sie die Bezeichnungen zu Menge statt Stunden und E-Preis statt Satz.

> ➤ Tragen Sie ein paar Beispielartikel ein, damit wird MwSt. prüfen können:

BESCHREIBUNG	Menge	E-Preis	BETRAG	
USB-Stick 16GB	50	18,99	€	949,50
USB-Stick 8GB	100	9,99		999,00

> ➤ Ergänzen Sie bei den Zahlungsbedingungen die Zahlungsfristen, z.B.

Zahlungsbedingungen:

mit 2% Skonto innerhalb 14 Tagen bis zum:	16. 05 2011
ohne Abzug innerhalb 30 Tagen bis:	01. 06 2011

- Die **Formeln** hierzu gehen ganz einfach: Zelle mit Doppelklicken öffnen, = schreiben, dann das mit [Strg]-. gesetzte Datum anklicken und + 14, bzw. +30 ergänzen.

➢ Die Bankverbindung angeben sowie mit Datei-**Speichern unter** als Kopie in dem Übungsordner speichern.

15.3.1 Artikel zur Auswahl speichern

Eine einfache praktikable Methode, um viele Artikel zu speichern:

- in einer Rechnung alle Artikel eingeben und diese Rechnung als neue Vorlage speichern,

- nicht benötigte Artikel können gelöscht sowie bei den verbleibenden die Stückzahl angepasst werden, um neue Rechnungen zu erstellen.

  ↳ Diese Methode ist einfach, aber nur für wenige Artikel geeignet, für mehr Artikel könnten diese auf einem weiteren Tabellenblatt gespeichert und dann in die Rechnung rüber kopiert werden.

  ↳ Für umfangreiche Artikelstämme ist ein Datenbankprogramm oder Buchhaltungsprogramm besser geeignet.

15.4 Blatt schützen und Bereiche freigeben

Ein kleiner Programmfehler: wenn Sie zuerst das Blatt schützen, können mit „Benutzer dürfen Bereiche bearbeiten" keine Bereiche mehr frei geschaltet werden. Daher ist letzteres zuerst durchzuführen, einen bereits aktivierten Blattschutz ggf. wieder abschalten.

Die Artikel sollen von den Benutzern eingetragen und geändert werden können.

➢ Das geht bei Überprüfen mit „Benutzer dürfen Bereiche bearbeiten":

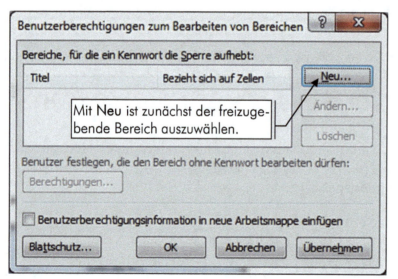

➢ Falls Sie die Artikeltabelle vorher markiert hatten, wäre diese bereits eingetragen, ansonsten mit dem Symbol jetzt markieren:

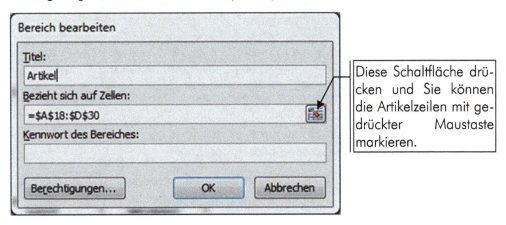

Diese Schaltfläche drücken und Sie können die Artikelzeilen mit gedrückter Maustaste markieren.

♦ Ein **Kennwort** kann, muss aber nicht eingegeben werden. Bei **Berechtigungen** ist dann noch anzugeben, welche Benutzer die Bereiche bearbeiten dürfen:

    ↳ **Hinzufügen**, dann bei **Erweitert** mit „Jetzt suchen" nach verfügbaren Benutzern und Arbeitsgruppen suchen und auswählen.

    ↳ „**Bereiche ohne Kennwort bearbeiten**" angekreuzt lassen, damit diese Bereiche ohne Kennwort geändert werden dürfen. Noch sicherer wäre es natürlich mit einem zweiten Kennwort, dass den Benutzern persönlich mitgeteilt wird.

➢ Jetzt sind diese Bereiche zum Ändern freigegeben und das restliche Blatt kann geschützt werden.

➢ Das geht bei mit **Überprüfen-Blatt schützen**:

Zum weiteren Bearbeiten kann der Blattschutz jederzeit aufgehoben werden. Wenn alle Daten eingegeben sind und das Tabellenblatt gemäß Ihren Vorstellungen eingerichtet ist, könnten Sie das Blatt erneut schützen, damit spätere Anwender nur noch Daten eingeben oder löschen können.

Sie können wählen, welche Aktionen späteren Anwendern erlaubt sein sollen.

Wenn Sie hier z.B. noch „Zeilen löschen" ankreuzen, dürfen Anwender Zeilen löschen. Nicht angekreuzte Aktionen lassen sich nur ausführen, wenn der Blattschutz aufgehoben wurde.

15.4.1 Andere Schutzmaßnahmen

Wenn Sie vertrauliche Daten vor unberechtigtem Zugriff schützen wollen, gibt es noch diese ergänzenden Methoden:

- Selbstverständlich sollte Ihr Rechner mit einem Kennwort geschützt sein, damit nicht unbefugte diesen einschalten und benutzen können.

- **Bildschirmschoner** mit Kennwort verhindern zusätzlich, dass Unbefugte bei Abwesenheit Ihrem Computer benutzen können – besonders wichtig z.B. in Großraumbüros. Im Windows bei Start-Systemsteuerung-Darstellung...-Anpassung-Bildschirmschoner.

- Im Netzwerk nur Ordner **freigeben**, auf die andere wirklich zugreifen dürfen, sensible Daten in anderen Ordnern speichern.

Im Folgenden werden wir diese Rechnung als Vorlagen speichern.

15.5 Als Vorlage speichern

Wenn alles fertig eingerichtet und die Daten eingeben sind, können Sie mit dem Befehl **Datei-Speichern unter** die Rechnung als neue Vorlage speichern, indem Sie unten bei Dateityp auf Excel-Vorlage umschalten.

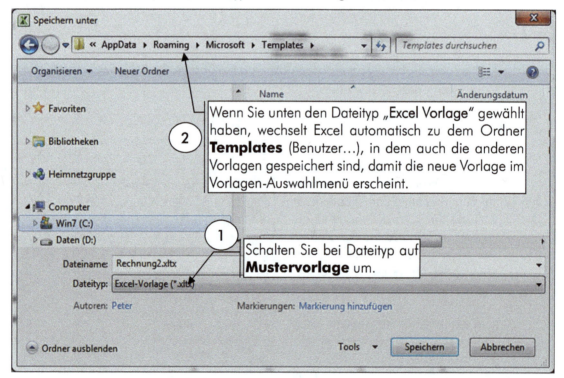

> Vergessen Sie selbsterstellte Vorlagen nicht bei Ihrer **Datensicherung**!

> Anschließend können Sie diese Vorlage bei **Datei** mit **Neu** öffnen. Die Vorlage finden Sie dort bei **Meine Vorlagen**.

16. Formatvorlagen in Excel

♦ Formatvorlagen sind eine sehr große **Arbeitserleichterung**:

   ✎ Statt jede Überschrift einzeln zu markieren und dann einzustellen (Schriftart und -größe, Text- und Hintergrundfarbe usw.) wird alles

   ✎ nur einmal in der **Formatvorlage** namens Überschrift eingestellt.

   ✎ Bei einer neuen Tabellenüberschrift schalten Sie auf diese Formatvorlage um und alle Formatierungen sind da!

> Hier werden wir nur eine einfache Übungsrechnung erstellen. Die großen Vorteile der Formatvorlagen können Sie erahnen, wenn Sie sich eine seitenlange Kalkulation vorstellen.

Wir werden die Formatvorlagen praxisnah anhand einer Immobilienfinanzierung erkunden:

   ➢ Erstellen Sie die folgende Tabelle, beginnen Sie dabei in der dritten Zeile der zweiten Spalte B:

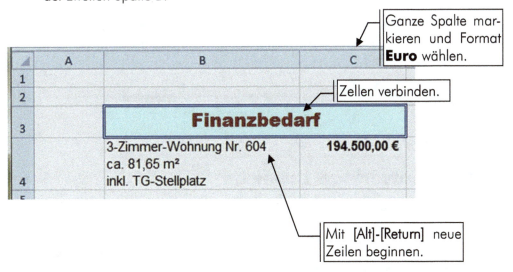

Für die Übungstabelle gilt: alle Angaben ohne Gewähr.

   ➢ Formatieren Sie die **Überschrift Finanzbedarf** blau schattiert mit roter, kräftiger Schrift und Rahmenlinie ähnlich wie oben abgebildet.

   ➢ Markieren Sie die nicht benötigten Zeilen und Spalten und blenden Sie diese mit **Hintergrundfarbe weiß** aus.

16.1 Eine neue Formatvorlage

Finanzbedarf soll nun die erste Hauptüberschrift werden:

> ➢ Die Zelle mit **Finanzbedarf** anklicken, dann bei Start **Zellenformatvorlagen-neue Zellenformatvorlage...** wählen:

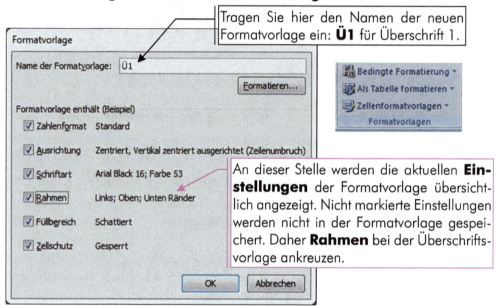

Jetzt gibt es die neue Formatvorlage Ü1 mit den gleichen Einstellungen wie die Überschrift Finanzbedarf. Allerdings muss die Formatvorlage Ü1 noch der Überschrift Finanzbedarf zugewiesen werden:

> ➢ Überschrift Finanzbedarf markieren, dann bei **Zellenformatvorlagen** die neue Ü1 auswählen und damit zuweisen.
>
> > ↳ Sie sehen, dass Excel auch bereits eine Formatvorlage **Überschrift 1_Tabelle**1 erstellt hatte, die wir natürlich auch hätten verwenden können.

16.2 Formatvorlage zuweisen

Nach einer Leerzeile geht es mit der Tabelle weiter.

> ➢ Ergänzen Sie den weiteren Text wie folgt:

Kauf-Nebenkosten	
Grunderwerbssteuer 3,5 %	6.807,50 €
Maklerprovision 3 %	5.835,00 €
19% MwSt Maklerprov.	1.108,65 €
Notarkosten ca. 1,5%	2.917,50 €
Zwischensumme	16.668,65 €

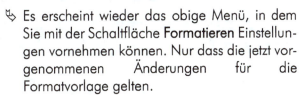

Umzug und Einrichtung	
Umzugskosten	3.000,00 €
Renovierungskosten	10.000,00 €
Einrichtung, Küche, Möbel...	15.000,00 €
Zwischensumme	28.000,00 €

Kauf-Nebenkosten und „**Umzug und Einrichtung**" sollen nun ebenfalls als Hauptüberschriften formatiert werden. Jetzt sehen Sie den Vorteil der Formatvorlagen, denn jedes umständliche Einstellen entfällt.

➢ Klicken Sie die jeweiligen Zellen an und wählen Sie über die Schaltfläche Zellenformatvorlagen die **Formatvorlage Ü1** aus.

16.2.1 Formatvorlage einstellen oder ändern

Formatvorlagen können aber auch jederzeit geändert werden:

➢ Bei Zellenformatvorlagen auf Ü1 die rechte Maustaste drücken und **Ändern** wählen.

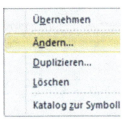

    ↳ Es erscheint wieder das obige Menü, in dem Sie mit der Schaltfläche **Formatieren** Einstellungen vornehmen können. Nur dass die jetzt vorgenommenen Änderungen für die Formatvorlage gelten.

    ↳ Wir hätten auch manuell die Überschrift Finanzbedarf ändern und diese anschließend neu als Formatvorlage Ü1 speichern können.

    ↳ Ebenfalls mit der rechten Maustaste können wir Formatvorlagen **umbenennen** oder **duplizieren**, um z.B. eine weitere Überschrift Ü2 mit ähnlichen Einstellungen und kleinerer Schrift zu erstellen.

Stellen Sie folgendes ein:

➢ Schrift **fett + kursiv** und zwei Punkte **größer** als der restliche Text

➢ und probieren Sie als Hintergrundfarbe bei Ausfüllen den Fülleffekt „Aus der Mitte" mit **hellblau** und zwei dunkelblaue, dicke **Linien** oben und unten (Karteikarte Rahmen).

➢ Dann mit **OK** Menü verlassen.

> Sie können das Formatvorlagen-Menü jederzeit erneut öffnen und die Formatvorlage anders einstellen. Alle Texte, denen diese Formatvorlage zugewiesen ist, werden anschließend automatisch aktualisiert.

♦ Ganz komfortabel kommen Sie in das Menü mit der Tastaturabkürzung [Alt]-t-v.

16.2.2 Übung fertig stellen

In den Formatvorlagen kann nicht eingestellt werden, dass Zellen verbunden werden sollen – dies ist manuell mit dem Symbol für **Zellen verbinden** vorzunehmen.

Jetzt sollte die Übung folgendermaßen mit dem eingetragenen Text aussehen, der mittels Formatvorlagen formatiert wurde:

Als Formeln z.B. für die Grunderwerbssteuer **C4*3,5%**, weitere Formeln entsprechend.

Formatvorlage Ü1.

Formatvorlage Ü2.

Finanzbedarf

| 3-Zimmer-Wohnung Nr. 604 ca. 81,65 m² inkl. TG-Stellplatz | 194.500,00 € |

Kauf-Nebenkosten

Grunderwerbssteuer 3,5 %	6.807,50 €
Maklerprovision 3 %	5.835,00 €
19% MwSt Maklerprov.	1.108,65 €
Notarkosten ca. 1,5%	2.917,50 €
Zwischensumme	16.668,65 €

Umzug und Einrichtung

Umzugskosten	3.000,00 €
Renovierungskosten	10.000,00 €
Einrichtung, Küche, Möbel…	15.000,00 €
Zwischensumme	28.000,00 €

Ermittlung Fremdkapital

Gesamtaufwand	239.168,65 €
Eigenkapital	60.000,00 €
Bruttofinanzbedarf	179.168,65 €
zzgl. 10T € Sicherheit	189.168,65 €

Finanzierungskosten

aktueller Zinssatz 5,2%	9.836,77 €
Rückzahlung 1%	1.891,69 €
Summe Finanzierungskosten	11.728,46 €
Finanzierungsk. pro Monat	977,37 €

Weitere monatl. Kosten

Grundsteuer ca.	70,00 €
Nebenkosten geschätzt	300,00 €
Renovierungsrücklagen	100,00 €
Zwischensumme	470,00 €

Endsumme

| Finanzbedarf pro Monat | 1.447,37 € |

16.2.3 Formatvorlage wechseln

Und noch eine neue Formatvorlage:

Die Summen sollen auch einheitlich formatiert werden. Hier zur Übung anhand der **Zwischensummen** und des **Bruttofinanzbedarfs** usw.

> Die erste Unterüberschrift ähnlich der Abbildung formatieren,

> anklicken und entweder die von Excel erzeugte Formatvorlage in Ü2 umbenennen oder eine neue erzeugen.

> Dann auch den anderen Unterüberschriften diese Formatvorlage Ü2 zuweisen.

16.2.4 Währungsformat

Sowohl der Text als auch die Zahlenangaben sollen mit der Formatvorlage Überschrift 2 (Ü2) formatiert werden, damit die Schrift- und Rahmeneinstellungen übereinstimmen.

- Das Zahlenformat Währung kann bereits in der Formatvorlage festgelegt werden.

- Allerdings ist die Ausrichtung beim Text linksbündig, bei den Zahlen rechtsbündig, also verschieden, was somit nicht in der Formatvorlage eingestellt werden kann.

  ↳ Also in der Formatvorlage linksbündig und nach Zuweisen der Formatvorlage die Zahlen manuell auf rechtsbündig einstellen.

16.3 Die Zahlen formatieren

Ist es Ihnen schon aufgefallen, dass bei den Zahlen die **Zellenformatvorlage Euro** verwendet ist?

Auch hier benutzt Excel die Formatvorlagen. Wir hatten die Formatvorlage **Euro** nebenbei zugewiesen, als wir die Zellen mit dem Währungssymbol für den Euro eingestellt haben.

Daraus resultiert, dass wir alle **€-Zahlen** über die Formatvorlage automatisch einstellen können, und diese Chance nutzen wir sogleich.

> Stellen Sie für die **Formatvorlage Euro** Schriftfarbe dunkelbraun, fett und mit heller Hintergrundtönung.

  ↳ Beachten Sie, wie alle Euro-Währungszellen **einheitlich** geändert werden, außer den Zahlen mit der Formatvorlage Ü2 natürlich, hier haben wir ja die Formatvorlage geändert. Weisen Sie Ü2 auch noch eine helle Schattierung zu.

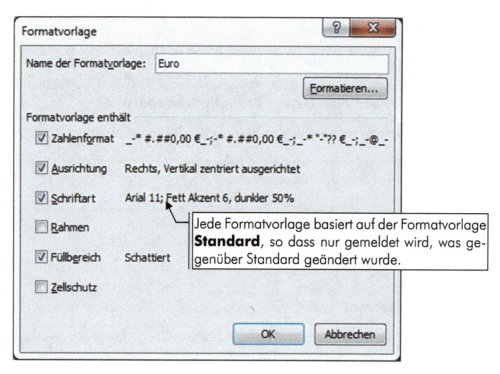

Abschließende Hinweise:

♦ Für Prozent-Formate gilt die **Formatvorlage Prozent**, die Sie ebenfalls ändern können.

♦ Die Formatvorlage **Euro** ist eigens für den Euro eingerichtet.

    ↳ Für andere Währungen oder unterschiedliche Formatierungen kann die Formatvorlage **Währung** verwendet werden, weitere Formatvorlagen für andere Währungen oder Texteinstellungen können Sie wie beschrieben selbst ergänzen.

16.4 Vorteile der Formatvorlagen

Wenn Sie die Formatvorlage nachträglich ändern, werden alle Zellen in dieser Arbeitsmappe, denen diese Formatvorlage zugewiesen wurde, automatisch aktualisiert.

> Mit Formatvorlagen sind selbst sehr lange Tabellen schnell und einfach formatiert. Das ist die Voraussetzung, um längere Tabellen rationell einzustellen. Auch wenn Tabellen auf mehrere Tabellenblätter verteilt sind, ist es mit Formatvorlagen kein Problem mehr, alle einheitlich einzustellen

 Eine Alternative zu den Formatvorlagen bietet der Befehl „**Format übertragen**" (siehe Seite 48) oder **Als Tabelle formatieren.**

♦ Auch **längere Tabellen** können ohne großen Aufwand jederzeit anders formatiert werden (ohne Formatvorlagen müssten Sie wieder jede Überschrift anklicken und einzeln ändern!).

♦ Ein **einheitliches Erscheinungsbild**: beim Formatieren von Hand wird gelegentlich ein anderer Wert eingestellt.

5. Teil

Erweiterte Anwendungen

17. Eine Versuchsreihe

Für wissenschaftliche Auswertungen stellt Excel ebenfalls einige Funktionen bereit: Runden, höchster oder kleinster Wert, Standardabweichung usw.

Beispiel: Ein **Reifenhersteller** möchte ein neues Profil testen. Hierfür wurden jeweils sechs Bremswege bei unterschiedlichen Geschwindigkeiten auf trockener, gerader Teststrecke ermittelt.

Versuchsauswertung Reifen Profil A					
Geschwindigkeit	**30**	**50**	**60**	**70**	**100**
Test 1	4,23	12,25	22,85	43,87	84,98
Test 2	4,37	13,88	20,32	41,52	74,55
Test 3	4,96	13,28	21,45	39,65	77,94
Test 4	5,96	12,95	20,02	46,17	85,83
Test 5	4,45	13,74	22,55	40,47	77,94
Test 6	4,34	12,84	21,94	41,27	72,94

17.1 Auswertung mit Excel

Bei jeder Versuchsauswertung stellt sich sofort die Frage nach dem jeweiligen **Mittelwert**, und, besonders weil Excel das automatisch herausfindet, nach dem **größten und kleinsten Messwert**. Denn wenn ein Wert sehr stark von dem Mittelwert abweicht, ist das oft ein Hinweis auf einen Messfehler, z.B. dass ein Wert falsch abgelesen wurde.

Vorgehen:

♦ Wir werden einmal bei Tempo 30 die **Formeln** für Anzahl, Min, Max, den Mittelwert und die Standardabweichung eingeben und diese anschließend in die weiteren Spalten mit der Maus kopieren.

Diese Formeln finden Sie bei Formeln-fx in der Kategorie Statistik:

➢ **-Anzahl**,

➢ **-Min oder Max** (kleinster oder größter Wert),

➢ **-Mittelwert** und die <u>Standardabweichung</u> **Stabwn**.

Beachten Sie, dass Excel praktisch alle Berechnungsmöglichkeiten bietet, z.B. Median oder **geometrisches Mittel, Varianz** usw.

So sollte es werden:

Zelle anklicken, **Funktionsassistenten** starten (Karteikarte Formeln oder mit [Umschalt]-F3), gewünschte Formel wählen und dann die Werte mit der Maus angeben.

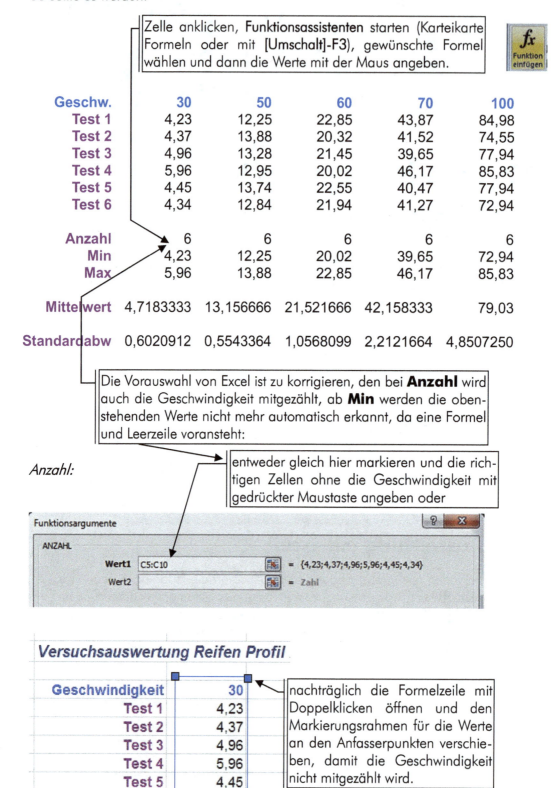

Geschw.	30	50	60	70	100
Test 1	4,23	12,25	22,85	43,87	84,98
Test 2	4,37	13,88	20,32	41,52	74,55
Test 3	4,96	13,28	21,45	39,65	77,94
Test 4	5,96	12,95	20,02	46,17	85,83
Test 5	4,45	13,74	22,55	40,47	77,94
Test 6	4,34	12,84	21,94	41,27	72,94
Anzahl	6	6	6	6	6
Min	4,23	12,25	20,02	39,65	72,94
Max	5,96	13,88	22,85	46,17	85,83
Mittelwert	4,7183333	13,156666	21,521666	42,158333	79,03
Standardabw	0,6020912	0,5543364	1,0568099	2,2121664	4,8507250

Die Vorauswahl von Excel ist zu korrigieren, den bei **Anzahl** wird auch die Geschwindigkeit mitgezählt, ab **Min** werden die obenstehenden Werte nicht mehr automatisch erkannt, da eine Formel und Leerzeile voransteht:

Anzahl:

entweder gleich hier markieren und die richtigen Zellen ohne die Geschwindigkeit mit gedrückter Maustaste angeben oder

Funktionsargumente

ANZAHL

Wert1 C5:C10 = {4,23;4,37;4,96;5,96;4,45;4,34}

Wert2 = Zahl

Versuchsauswertung Reifen Profil

Geschwindigkeit	30
Test 1	4,23
Test 2	4,37
Test 3	4,96
Test 4	5,96
Test 5	4,45
Test 6	4,34
Anzahl	=ANZAHL(C6:C11)
Min	4,23

nachträglich die Formelzeile mit Doppelklicken öffnen und den Markierungsrahmen für die Werte an den Anfasserpunkten verschieben, damit die Geschwindigkeit nicht mitgezählt wird.

➢ Ebenso die weiteren Formeln Min, Max, Mittelwert und Standardabweichung (STABW.N) eintragen.

17.2 Runden

Folgendes Problem stellt sich ein: der Mittelwert und die Standardabweichung werden mit zu vielen Nachkommastellen angezeigt. Hier müssen wir runden.

➢ Markieren Sie den ersten Mittelwert **4,71833333** und drücken Sie

➢ dieses Symbol unter **Start** mehrmals, um die Stellen nach dem Komma zu reduzieren.

Jetzt haben Sie nur noch **4,72**.

➢ Wählen Sie das andere Symbol, um Dezimalstellen wieder hinzufügen. Die ursprünglich genaue Zahl ist folglich noch vorhanden.

Beobachten Sie, wie Excel richtig **auf- oder abrundet**.

➢ Noch einmal den gleichen Vorgang für die **Standardabweichung**.

17.3 Formeln kopieren

Anschließend können Sie die fertig eingestellten Formeln nach rechts kopieren. Sie könnten markieren, kopieren und in die folgenden Zellen einfügen, aber es geht mit der Maus noch rationeller.

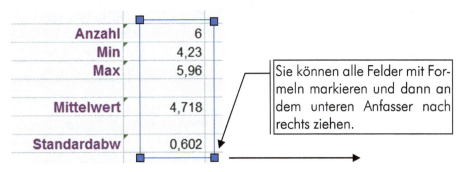

Anzahl	6
Min	4,23
Max	5,96
Mittelwert	4,718
Standardabw	0,602

Sie können alle Felder mit Formeln markieren und dann an dem unteren Anfasser nach rechts ziehen.

Dabei wird die Funktion Bearbeiten-Ausfüllen-rechts ausgeführt. Klicken Sie einige Zellen an, um sich davon zu überzeugen, dass immer die Werte aus der aktuellen Spalte zur Berechnung herangezogen werden.

Anzahl	6	6	6	6	6
Min	4,23	12,25	20,02	39,65	72,94
Max	5,96	13,88	22,85	46,17	85,83
Mittelwert	4,718	13,157	21,522	42,158	79,030
Standardabw	0,602	0,554	1,057	2,212	4,851

17.4 Fehlermeldungen im Excel 2010

Da wir der Übersicht halber eine **Leerzeile** zwischen den Werten, den drei Berechnungen Anzahl, Min und Max und dem Mittelwert sowie der Standardabweichung stehen gelassen haben, erscheint im Excel 2010 ein kleines **Dreieck**, welches Aufmerksamkeit verlangt.

> ➢ Dies ist ein Smarttag (das **kleine grüne Dreieck**) und weist darauf hin, dass nicht alle angrenzenden Werte in die Berechnung einbezogen sind, was aber hier beabsichtigt ist und daher ignoriert werden kann.

>   ✎ Wenn Sie dieses Dreieck anklicken, erschein ein Ausrufezeichen.

>   ✎ Beim Anklicken (warten, bis der Pfeil zum Aufklappen des Menüs erscheint) dieses Ausrufezeichens können Sie mehr über die Fehlermeldung lesen oder

>   ✎ diesen **Fehler ignorieren**, was in diesem Fall, da die richtigen Werte für die Formeln manuell markiert wurden, die beste Lösung ist.

Anzahl	6	6	6	6	6
Min	4,23	12,25	20,02	39,65	72,94
Max	5,96	13,88	22,85	46,17	85,83
Mittelwert	4,718	13,157	21,522	42,158	79,030
Standardabw	0,602	0,554	1,057	2,212	4,851

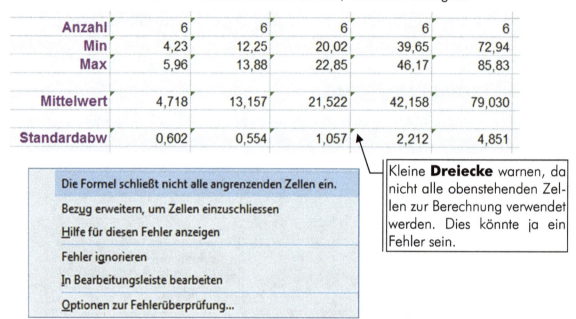

Die Formel schließt nicht alle angrenzenden Zellen ein.

Bezug erweitern, um Zellen einzuschliessen

Hilfe für diesen Fehler anzeigen

Fehler ignorieren

In Bearbeitungsleiste bearbeiten

Optionen zur Fehlerüberprüfung...

Kleine **Dreiecke** warnen, da nicht alle obenstehenden Zellen zur Berechnung verwendet werden. Dies könnte ja ein Fehler sein.

Alle Fehlermeldungen ausblenden:

> ➢ Auf der Karteikarte Formeln die **Fehlerüberprüfung** starten.

> ➢ Jetzt können Sie **Fehler ignorieren** wählen:

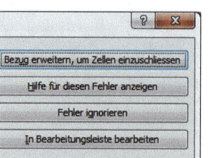

Fehlerüberprüfung

Fehler in Zelle C12

=ANZAHL(C5:C10)

Die Formel schließt nicht alle angrenzenden Zellen ein.

Die Formel in dieser Zelle bezieht sich auf einen Bereich, der an weitere Zahlen angrenzt.

Bezug erweitern, um Zellen einzuschliessen

Hilfe für diesen Fehler anzeigen

Fehler ignorieren

In Bearbeitungsleiste bearbeiten

Optionen...

Zurück   Weiter

18. Ein Diagramm erstellen

Im Excel können wir aus Daten **Diagramme** erstellen lassen. Damit lässt sich eine Messreihe anschaulich darstellen und es können Daten, z.B. bei einer Besprechung oder Präsentation, vorgeführt werden (Paradebeispiele: Umsatzsteigerung einer Firma oder die Verkaufszahlen der Niederlassungen).

Wir bleiben bei unserer Versuchsreihe:

➢ Auf der Karteikarte **Einfügen** finden Sie mehrere Diagramm-Typen zur Auswahl.

➢ **Markieren** Sie die Versuchswerte einschließlich der Überschrift mit den Geschwindigkeiten und Test 1 bis 6, damit die Überschriften im Diagramm erscheinen, und wählen Sie einen **Diagrammtyp** aus. Für diese Versuchsauswertung bietet sich das Linienschema an:

Geschwindigkeit	30	50	60	70	100
Test 1	4,23	12,25	22,85	43,87	84,98
Test 2	4,37	13,88	20,32	41,52	74,55
Test 3	4,96	13,28	21,45	39,65	77,94
Test 4	5,96	12,95	20,02	46,17	85,83
Test 5	4,45	13,74	22,55	40,47	77,94
Test 6	4,34	12,84	21,94	41,27	72,94

Das Diagramm wird sofort erzeugt:

An diesen Randlinien sowie im leeren Bereich kann das Diagramm angefasst und **verschoben** werden.

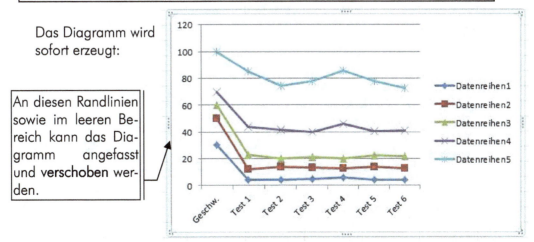

Es ist zu erkennen, dass das Diagramm noch nicht richtig eingestellt ist. Die Geschwindigkeit sollte statt an der Y- an der X-Achse angezeigt werden.

> Wenn das Diagramm angeklickt ist, erscheinen oben die Befehle für das Diagramm:

Hiermit können Sie die Zeilen und Spalten vertauschen.

Jetzt stimmt die Anordnung:

Außerdem ist die Zeile mit den **Geschwindigkeits-Überschriften** noch als Datenreihe angegeben.

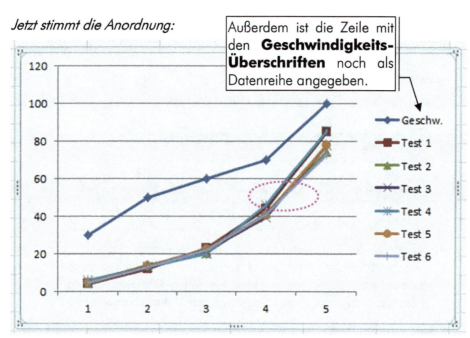

> Wählen Sie das Symbol „**Daten auswählen**":

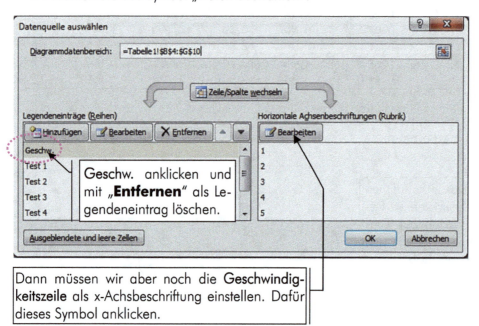

Geschw. anklicken und mit „**Entfernen**" als Legendeneintrag löschen.

Dann müssen wir aber noch die **Geschwindigkeitszeile** als x-Achsbeschriftung einstellen. Dafür dieses Symbol anklicken.

Hier klicken, dann Geschwindigkeiten von 30 bis 100 markieren, damit diese bei der X-Achse als Beschriftung erscheinen.

Achsenbeschriftungen

Achsenbeschriftungsbereich:

=Tabelle1!$C$4:$G$4   = 30; 50; 60; 70...

OK   Abbrechen

Jetzt fehlt noch „Geschwindigkeit" als x-Achsenbeschriftung:

➢ Auf der Karteikarte Layout finden Sie weitere Einstellmöglichkeiten, wählen Sie bei Achsentitel für die horizontale Primärachse auch einen Titel aus.

➢ Danach sind die **Achsentitel** vorhanden und können angeklickt und passend überschrieben werden.

  ✎ Geben Sie für die X-Achse **Geschwindigkeit** und für die Y-Achse „Bremsweg in m" an

Die Werte der Y-Achse stimmen noch nicht optimal:

Wir wollen nur den Bereich von 0 bis 90 m statt bis 100 m als Achsenbeschriftung, was manuell eingestellt werden kann.

➢ Auf der Y-Achse die rechte Maustaste drücken und im Abrollmenü **Achse formatieren** wählen.

➢ Statt Auto die Beschriftung manuell von 0 bis 90 vorgeben:

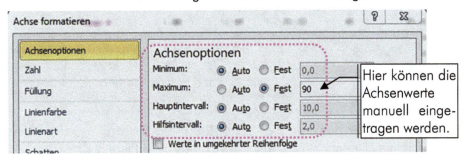

Achse formatieren

Achsenoptionen	**Achsenoptionen**
Zahl	Minimum: ○ Auto ● Fest 0,0
Füllung	Maximum: ○ Auto ● Fest 90
Linienfarbe	Hauptintervall: ● Auto ○ Fest 10,0
Linienart	Hilfsintervall: ● Auto ○ Fest 2,0
Schatten	☐ Werte in umgekehrter Reihenfolge

Hier können die Achsenwerte manuell eingetragen werden.

➤ Falls Sie den Diagrammtyp „gestapelte ..." gewählt hätten, werden die Linien, Säulen usw. aufeinander aufbauend angezeigt, also der nächste y-Wert + den y-Wert der vorigen Messreihe.

↪ Probieren Sie bei dem Symbol „Diagrammtyp ändern" verschiedene Darstellungsformen, auch gestapelte.

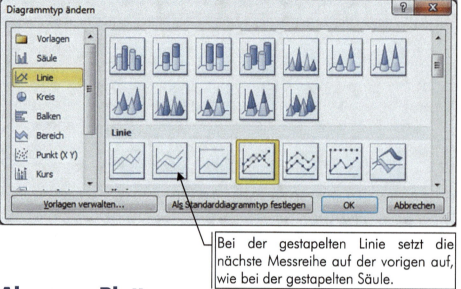

Bei der gestapelten Linie setzt die nächste Messreihe auf der vorigen auf, wie bei der gestapelten Säule.

18.1 Als neues Blatt

Da die Linien sehr dicht beieinander liegen, sollten wir das Diagramm vergrößern, damit alles klar erkennbar wird. Um hierfür genügend Platz zu haben, verschieben wir das Diagramm auf ein neues, eigenes Tabellenblatt.

➤ Diagramm markieren und ausschneiden ([Strg]-X), dann auf das nächste Tabellenblatt wechseln und einfügen drücken.

➤ Anschließend am Eck anfassen und soweit vergrößern, bis die Linien klar erkennbar werden.

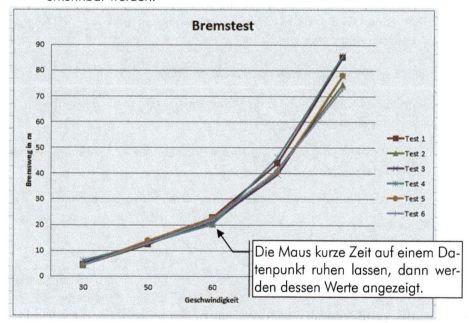

Die Maus kurze Zeit auf einem Datenpunkt ruhen lassen, dann werden dessen Werte angezeigt.

➤ Benennen Sie das erste Blatt „**Tabelle 1**" in „**Daten**" um, das zweite mit dem Diagramm in „**Diagramm**", das dritte leere Blatt löschen.

18.2 Übersicht Diagrammfunktionen

Sie können ein Diagramm auf mehreren Wegen nachträglich ändern.

Entweder mit der Diagramm-Symbolleiste (Diagramm anklicken, dann oben Diagrammtools wählen):

Eine andere Diagrammform wählen.

Diverse **Layouts** zur Auswahl, z.B. mit Legende oder Achsenbeschriftungen.

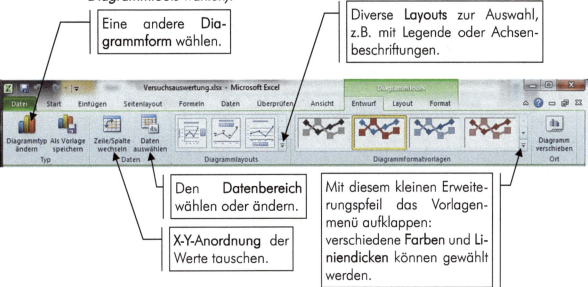

Den **Datenbereich** wählen oder ändern.

X-Y-Anordnung der Werte tauschen.

Mit diesem kleinen Erweiterungspfeil das Vorlagenmenü aufklappen: verschiedene **Farben** und **Liniendicken** können gewählt werden.

oder mit den Befehlen, oben aus dem Menü oder per rechter Maustaste:

♦ **Rechte Maustaste** auf Diagramm und passende Befehle erscheinen, um das Diagramm zu formatieren.

♦ Wichtig ist, auf welchem Element Sie die rechte Maustaste drücken, da hierzu ausgewählte Befehle angezeigt werden, z.B. können Sie

    ✎ bei **Diagrammtyp ändern** eine andere Diagrammform oder

    ✎ bei **Zeichnungsfläche formatieren** eine Hintergrundfarbe wählen.

♦ **Beschriftungen** können angeklickt und mit [Entf] gelöscht werden oder noch einmal klicken, um den Text zu korrigieren, oder mit Doppelklicken markieren und dann wie jeden normalen Text formatieren.

18.3 Werte ergänzen oder löschen

➢ Ergänzen Sie folgende Daten für Tempo 130 und 200:

130	200
150,57	342,43
145,99	355,28
177,45	323,23
154,79	366,97
170,84	347,32
180,38	381,95

Jetzt sollen diese neuen Werte auch in das Diagramm aufgenommen werden. Das geht mit der Funktion „**Daten auswählen**" (in der Befehlsleiste oder per rechte Maustaste). Dieser Befehl ist nur sichtbar, wenn Sie das Diagramm markiert haben.

Die Daten einschließlich der neuen Daten mit der Maus auswählen:

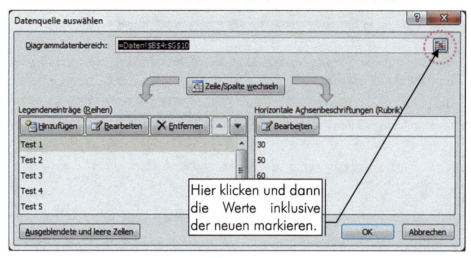

> Die Überschrift **Geschwindigkeit** ist in diesem Menü wieder bei den Legendeneinträgen zu löschen.

Außerdem muss der manuell vorgegeben Skalenbereich der Y-Achse nun erweitert werden.

> Auf der Y-Achse die rechte Maustaste drücken und im Abrollmenü **Achse formatieren** wählen, dann den Achsbereich von 0 bis 90 auf 0 bis 400 erweitern.

Noch einfacher geht es, wenn sich das Diagramm auf dem gleichen Tabellenblatt wie die Daten befindet.

> Sobald Sie das **Diagramm** anklicken, erscheint ein blauer Markierungsrahmen, der anzeigt, welche Daten für das Diagramm verwendet werden:

Geschw.	30	50	60	70	100	130	200
Test 1	4,23	12,25	22,85	43,87	84,98	150,57	342,43
Test 2	4,37	13,88	20,32	41,52	74,55	145,99	355,28
Test 3	4,96	13,28	21,45	39,65	77,94	177,45	323,23
Test 4	5,96	12,95	20,02	46,17	85,83	154,79	366,97
Test 5	4,45	13,74	22,55	40,47	77,94	170,84	347,32
Test 6	4,34	12,84	21,94	41,27	72,94	180,38	381,95

An diesen Punkten können Sie den **Rahmen** mit der Maus zwei Spalten weiter bis zu 200 ziehen. Die neuen Daten werden automatisch in das Diagramm aufgenommen. So können Sie ebenfalls **Daten entfernen**, indem Sie den Rahmen verkleinern.

Der Markierungsrahmen erscheint nur, wenn sich das Diagramm auf dem gleichen Tabellenblatt wie die Daten befindet!

Hinweis: Die Werte ähneln tatsächlichen Messwerten, was durch folgenden physikalischen Hintergrund erklärt wird: doppelte Geschwindigkeit bedeutet vierfache Energie, damit viermal so langen Bremsweg.

18.4 Abschlussübung

Die Umsätze einiger Filialen sollen grafisch dargestellt werden:

	München	Berlin	Frankfurt
2000	1.245.000,00 €	2.657.885,00 €	2.146.443,00 €
2001	2.564.546,00 €	2.146.455,00 €	1.944.355,00 €
2002	3.165.547,00 €	2.254.454,00 €	1.745.464,00 €

Führen Sie folgendes durch:

➢ Lassen Sie den **höchsten Wert** von allen drei Filialen ermitteln, ebenso den niedrigsten Betrag (stellen Sie sich eine seitenlange Liste vor, bei der diese Werte nicht mehr leicht erkannt werden können: Max, Min).

➢ **Formatieren** Sie die Tabelle ansprechend (Als Tabelle formatieren).

➢ Stellen Sie die Werte grafisch in einem **Diagramm** dar (siehe Beispiel). Schalten Sie um zu einigen anderen Darstellungsformen, um diese auszuprobieren.

Rechte Maustaste, Achse formatieren und bei Anzeigeeinheit „Tausende" wählen.
Dann bei **Diagrammlayouts** ein Layout mit Überschrift und x-Achsenbeschriftung wählen, anschließend diese passend überschreiben.

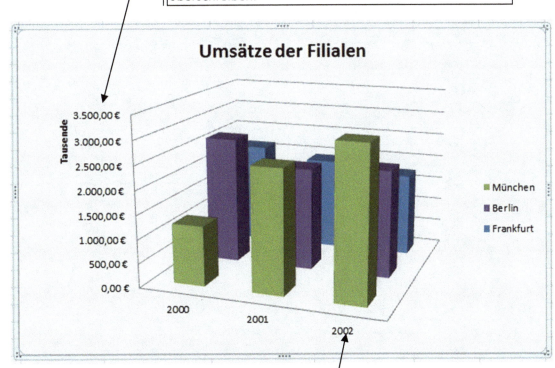

Rechte Maustaste, dann **Daten auswählen,** dort bei „Horizontale Achsenbeschriftung" Bearbeiten wählen und die **Jahreszahlen** mit der Maus auswählen.

19. Weitere Übungen

Zum Abschluss noch einige Übungen, um den Stoff zu vertiefen und um einige neue Formeln vorzustellen.

19.1 Eine Reisekostenabrechnung

	A	B	C	D	E	F
1	Reisekostenabrechnung Meier, Anton					
2		vom	01.06.2010		bis	17.06.2010
3	19% MwSt.					
4	Datum	Name	Bel.Nr.	Netto	MwSt 19%	Brutto
5	01.06.2010	Taxi	852	13,04 €	2,48 €	15,52 €
6	02.06.2010	TÜV	853	130,43 €	24,78 €	155,21 €
7	03.06.2010	Ikea	854	100,00 €	19,00 €	119,00 €
8	04.06.2010	DB	855	141,74 €	26,93 €	168,67 €
9						
10	06.06.2010	Taverne	856	17,22 €	3,27 €	20,49 €
11	07.06.2010	Taxi	857	20,87 €	3,97 €	24,84 €
12	08.06.2010	DB	858	233,04 €	44,28 €	277,32 €
13	09.06.2010	Benzin	859	58,26 €	11,07 €	69,33 €
14	10.06.2010	Telekom	860	318,62 €	60,54 €	379,16 €
15						
16	12.06.2010	Taxi	861	8,61 €	1,64 €	10,25 €
17	13.06.2010	Pizza	862	33,04 €	6,28 €	39,32 €
18	14.06.2010	Mitropa	863	13,83 €	2,63 €	16,46 €
19	15.06.2010	Stellplatz	864	4,35 €	0,83 €	5,18 €
20	16.06.2010	Benzin	865	47,83 €	9,09 €	56,92 €
21	17.06.2010	Telekom	866	346,96 €	65,92 €	412,88 €
22		Summe:		1.487,84 €	282,69 €	1.770,53 €
23	7% MwSt.					
24	Datum	Name		Netto	MwSt 7%	Brutto
25	05.06.2010	Fachbüch		35,51 €	2,49 €	38,00 €
26	11.06.2010	Bertelsmann		378,50 €	26,50 €	405,00 €
27		Summe:		478,50 €	28,98 €	442,99 €
28						
29					Summe insg.:	2.213,52 €
30					Vorsteuer 7%:	28,98 €
31					Vorsteuer 16%:	282,69 €
32						

Erstellen Sie diese Reisekostenabrechnung. Einige Hinweise:

♦ Für **jeden Monat** kann ein neues Blatt verwendet werden, der **Jahresabschluss** folgt auf einem weiteren Blatt, dann wird mit **Datei-Speichern unter** eine neue Mappe für das nächste Jahr angefangen.

♦ Meistens haben Sie **Bruttobeträge** auf den Quittungen, so dass sich folgende Formeln ergeben:

    ↳ für MwSt 19%: Betrag/119*19,

    ↳ netto ist dann der Betrag minus MwSt oder Betrag/119*100.

♦ Ist ein **Nettobetrag** einzutragen: Nettobetrag*19% für die MwSt.

♦ Mit getrennten Tabellen für **19%- und 7%-MwSt.** und einer abschließenden Summendarstellung wird es sehr übersichtlich.

19.2 Währungstabelle

Auch mit dem Euro gibt es noch genügend andere Währungen. Kein Problem mit Excel. Zuerst eine Angabe mit einigen Umrechnungskursen, die natürlich nicht aktuell[1] sind, sondern nur der Übung dienen.

Währungen

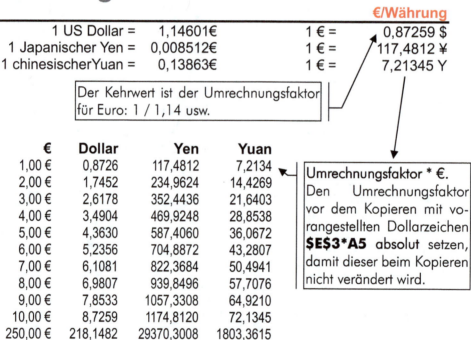

		€/Währung
1 US Dollar =	1,14601€	1 € = 0,87259 $
1 Japanischer Yen =	0,008512€	1 € = 117,4812 ¥
1 chinesischerYuan =	0,13863€	1 € = 7,21345 Y

Der Kehrwert ist der Umrechnungsfaktor für Euro: 1 / 1,14 usw.

€	Dollar	Yen	Yuan
1,00 €	0,8726	117,4812	7,2134
2,00 €	1,7452	234,9624	14,4269
3,00 €	2,6178	352,4436	21,6403
4,00 €	3,4904	469,9248	28,8538
5,00 €	4,3630	587,4060	36,0672
6,00 €	5,2356	704,8872	43,2807
7,00 €	6,1081	822,3684	50,4941
8,00 €	6,9807	939,8496	57,7076
9,00 €	7,8533	1057,3308	64,9210
10,00 €	8,7259	1174,8120	72,1345
250,00 €	218,1482	29370,3008	1803,3615

Umrechnungsfaktor * €. Den Umrechnungsfaktor vor dem Kopieren mit vorangestellten Dollarzeichen **$E$3*A5** absolut setzen, damit dieser beim Kopieren nicht verändert wird.

♦ Da **Formeln** eingetragen sind, brauchen Sie die Liste nicht endlos zu verlängern, sondern nur in der linken Spalte den gewünschten **€-Betrag eintragen**, und Sie erfahren den errechneten Wert in den anderen Währungen.

♦ ─────────────

[1] Aktuelle Umrechnungskurse finden Sie im Internet.

19.3 Notenauswertung mit SVerweis

Ein Beispiel aus der Schule. Die Noten sollen aus der erreichten Punktzahl errechnet und die statistische Verteilung der Noten soll ermittelt werden.

Zunächst wird der Notenschlüssel festgelegt (Tabelle von B4 bis D11):

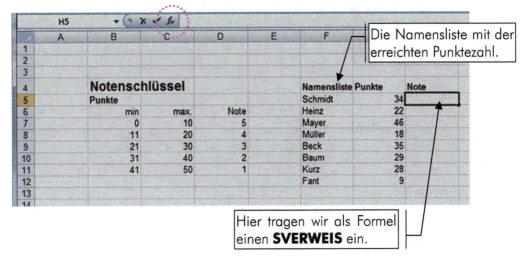

Die Namensliste mit der erreichten Punktezahl.

Hier tragen wir als Formel einen **SVERWEIS** ein.

Die Funktion **SVERWEIS** finden Sie im Funktionsassistenten bei „Matrix" und natürlich bei „Alle".

Die Formel-Maske:

Die Werte B7 bis D11 gleich mit **$-Zeichen** maskieren, damit die Formel anschließend ohne Änderung nach unten kopiert werden kann.

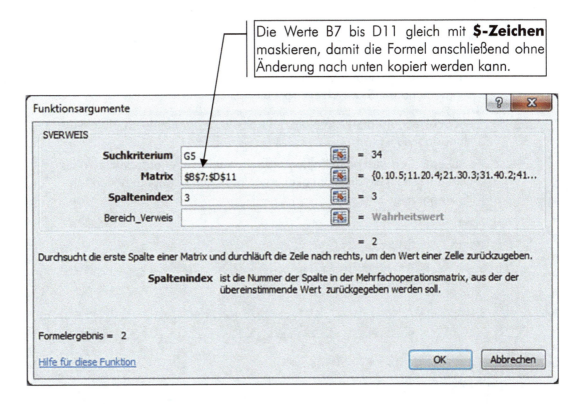

Beschreibung:

♦ Nach **G5** (=34 Punkte bei Schmidt) wird **gesucht**. Dieser Wert wird beim Kopieren relativ verändert: G6, G7 usw.

♦ In der Notenmatrix von **B7** bis **D11** soll die Note für 34 Punkte (=G5, Schmidt) gefunden werden:

    ↳ aus den ersten beiden Spalten wird ermittelt, wo der Wert einzuordnen ist, aus der dritten Spalte das Ergebnis entnommen.

    ↳ Damit beim Kopieren der Formel immer die gleiche Matrix verwendet wird, mit Dollar-Zeichen in der Formel maskieren:

        $B$7:$D$11 (=absolute Bezüge).

♦ Bei **Spaltenindex** wird die Spalte angegeben, aus der der Wert entnommen wird, hier die dritte Spalte „Note", also **3** eintragen.

Notenverteilung:

Die Notenverteilung soll nun ermittelt und grafisch dargestellt werden. Ergänzen Sie auf dem gleichen Tabellenblatt eine weitere Tabelle:

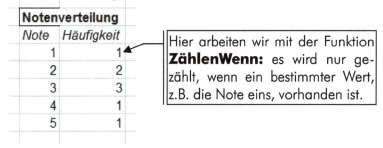

Notenverteilung

Note	Häufigkeit
1	1
2	2
3	3
4	1
5	1

Hier arbeiten wir mit der Funktion **ZählenWenn**: es wird nur gezählt, wenn ein bestimmter Wert, z.B. die Note eins, vorhanden ist.

♦ Die Häufigkeit eines Wertes berechnen wir mit **ZählenWenn** (bei Statistik).

    ↳ Bei **Bereich** die Notenauflistung in der Namensliste (H5 bis H12) markieren und mit **$-Zeichen** absolut setzten,

♦ bei **Suchkriterium** die erste Note 1 in der links abgebildeten Notenverteilungstabelle wählen.

    ↳ Dieser Wert wird beim Kopieren der Formel relativ verändert, so dass im nächsten Feld die Häufigkeit der Note 2 in der angegebenen Matrix angezeigt wird.

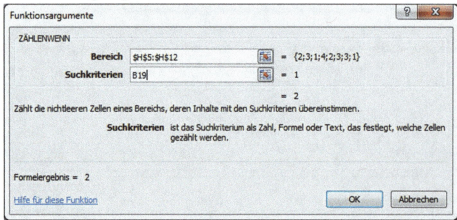

Grafische Auswertung:

Das ist kein Problem mehr für Sie. Erstellen Sie einen Notenspiegel als Balkendiagramm. Kleiner Hinweis:

> ➢ Nur die **Häufigkeit der Noten** markieren, nicht die Notenspalte selbst, dann bei **Einfügen** ein Säulendiagramm wählen.

> ➢ Ein **Schnelllayout** mit Titel und Achsenbeschriftungen wählen, die Datenreihe ggf. anklicken und löschen, die Beschriftungen mit Doppelklicken markieren und überschreiben.

> ➢ Y-Achse anklicken, rechte Maustaste und bei **Achsen formatieren** als Hauptintervall 1 angeben, Hilfsintervall 0, da wir nur ganzzahlige Häufigkeiten haben.

> ➢ Mit anderen Darstellungsformen experimentieren.

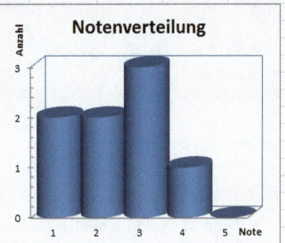

Natürlich können Sie auch noch den **Mittelwert** errechnen, hier 2,375.

Den Mittelwert finden Sie bei Statistik, dann die Noten der Namensliste als Werte angeben.

19.4 Monatsgehälter mit Prämien

Das ist ein Fall für **Wenn-Bedingungen**: **wenn** Gehalt über Grenzwert, **dann** Prämie. So soll es werden:

Monatsgehälter					
Vertreter	*Umsatz*	*Grundgehalt*	*Prämie 1*	*LOB*	*Auszahlung*
Mayer	28000	4000	1120	0	5120
Licht	19000	4000	0	0	4000
Untermayer	35000	7000	0	500	7500
Schuster	22000	3600	880	0	4480

Die Werte bei Prämie, Lob und Auszahlung sollen berechnet werden:

> ◆ Bei Prämie 1 wird folgende Wenn-Bedingung (bei Logik) eingefügt:

>> ↳ **Wenn** B3 (Umsatz) größer als (>) fünf Mal C3 (Grundgehalt),

>> ↳ **dann** 4 Prozent vom Umsatz, **sonst** 0.

Zunächst im Formelassistenten die Kategorie **Logik** wählen, dann dort die **Wenn-Bedingung** starten und in der Eingabemaske die Werte (B3 usw.) durch Zeigen angeben und die Formel (>5*C3 sowie 4%*B3) schreiben.

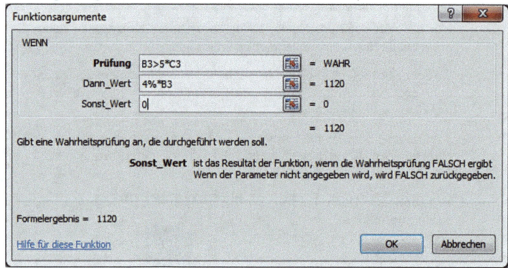

Damit haben wir eine kombinierte Berechnung eingegeben, diese in die folgenden Zeilen kopieren.

Die Formel bei Lob:

♦ **Wenn** B3 (Umsatz) ist gleich (=) der **maximale** Wert in der Matrix mit den Umsätzen ($B$3:$B$6),

↳ **dann** 500 addieren, **sonst** 0 €.

In der Formel eine weitere Formel **MAX** eintragen (einfach schreiben). Die Matrix vor dem Kopieren mit $-Zeichen absolut setzen: **($B$3:$B$6)**.

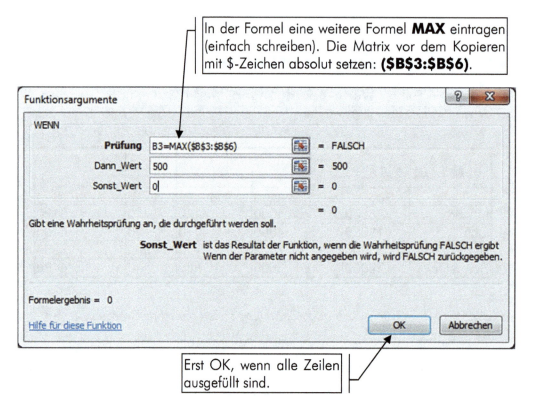

Erst OK, wenn alle Zeilen ausgefüllt sind.

Bei **Auszahlung** eine simple Summe: Grundgehalt + Prämie + Lob.

19.5 Logik

In Excel können wir **WAHR** oder **FALSCH** ausgeben und mit der vorhin durchgenommenen **WENN**-Bedingung verknüpfen, z.B. wenn rot und blau, dann bunt. Weitere nützliche Formeln sind **UND** oder **ODER**. Das wird am Beispiel erläutert.

Aus einer endlos langen Computerliste mit Daten sollen für eine Werbeaktion folgende herausgefiltert werden:

- ♦ Alter über 18 und

- ♦ Einkommen über 3000,- € **oder** Miete über 1.000,- €.

- ➢ Zur Übung begnügen wir uns mit einigen Beispielwerten, tragen Sie diese für Alter, Einkommen und Miete ähnlich den abgebildeten in einer neuen Tabelle ein.

Damit wir nicht eine Riesenformel (auch möglich) erhalten, ermitteln wir in jeweils einer neuen Spalte zunächst diese drei **Teilergebnisse**.

- ♦ Wenn(**Alter**>18;WAHR;FALSCH)

  ↳ d. h.: wenn Alter über 18, dann WAHR, sonst FALSCH eintragen.

- ♦ Wenn(**Einkommen**>3000;WAHR;FALSCH)

- ♦ Wenn(**Miete**>1000;WAHR;FALSCH)

Jetzt haben wir bereits WAHR oder FALSCH in den neuen Spalten, die wir für das **Endergebnis** nur noch verknüpfen müssen:

- ♦ **UND**(Alter;ODER(Einkommen;Miete))

  ↳ d.h.: Alter > 18 **und** (Einkommen > 3000 **oder** Miete > 1000).

> In Worten: die Formel liefert als Ergebnis Wahr, wenn das Alter über 18 und entweder das Einkommen über 3000 oder die Miete über 1000.

Die Ausgabe erfolgt als WAHR oder FALSCH:

Die Formel:
=Wenn(A5>18;WAHR;FALSCH)

Die Formel:
=UND(D5+ODER(E5;F5))

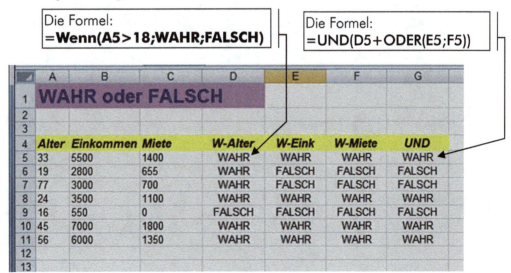

	A	B	C	D	E	F	G
1	**WAHR oder FALSCH**						
2							
3							
4	**Alter**	**Einkommen**	**Miete**	**W-Alter**	**W-Eink**	**W-Miete**	**UND**
5	33	5500	1400	WAHR	WAHR	WAHR	WAHR
6	19	2800	655	WAHR	FALSCH	FALSCH	FALSCH
7	77	3000	700	WAHR	FALSCH	FALSCH	FALSCH
8	24	3500	1100	WAHR	WAHR	WAHR	WAHR
9	16	550	0	FALSCH	FALSCH	FALSCH	FALSCH
10	45	7000	1800	WAHR	WAHR	WAHR	WAHR
11	56	6000	1350	WAHR	WAHR	WAHR	WAHR
12							
13							

Das Eingabemenü für die Wenn-Formel bei W-Alter:

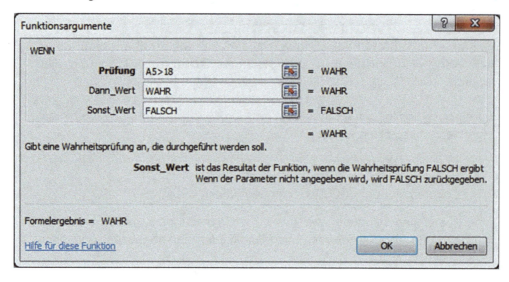

Das ergibt folgende Formel:

=WENN(A5>18;WAHR;FALSCH)

> ✎ Diese Formel könnten Sie von Hand schreiben oder ändern. Die Bedingungen müssen in den Klammern stehen und durch Strichpunkt voneinander getrennt sein.

> ➢ Danach für W-**Eink** (>3000) und W-**Miete** (>1000) die Wenn-Bedingungen eintragen

> ➢ und abschließend diese mit der **UND-Formel** auswerten.

> ♦ **UND** finden Sie bei Logik,

> > ✎ dann den ersten Wert bei W-**Alter** anklicken, weiter zu Wahrheitswert 2 und dort eine ODER-Formel eintragen: ODER(E5;F5)

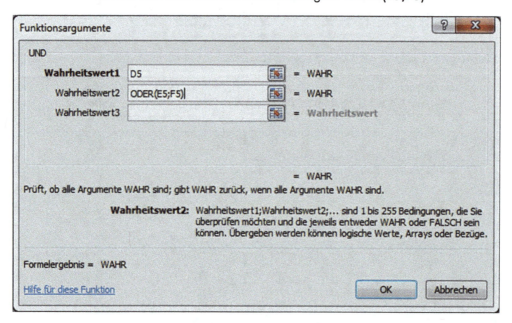

19.6 Trendberechnung

Wenn sich kontinuierlich entwickelnde Daten vorhanden sind, z.B. die Ergebnisse einer Versuchsreihe, Immobilienpreise oder der Firmengewinn, kann Excel mit der Funktion Trend die Entwicklung als Fortsetzung der Anfangswerte weiter darstellen.

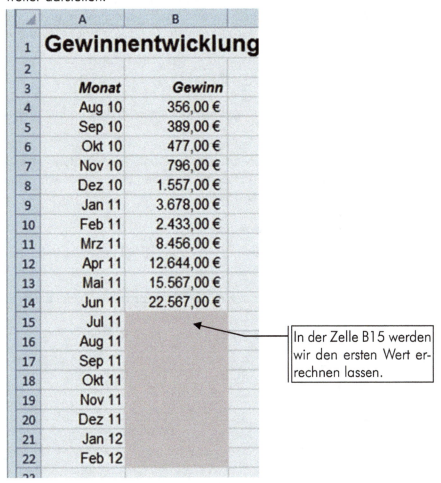

In der Zelle B15 werden wir den ersten Wert errechnen lassen.

> Zelle B15 anklicken und die Funktion **Trend** bei Statistik wählen:

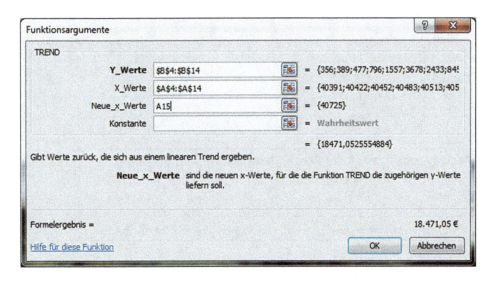

Erläuterung zu den Werten:

♦ Die Y-Werte sind die Gewinne B4 bis B14, die X-Werte die Monate A4 bis A14, der neue X-Wert der Monat des ersten zu schätzenden Wertes in A15.

♦ Die vorhandenen Werte der Matrix am besten gleich im Menü maskieren (=mit vorangestellten $-Zeichen absolut setzen), damit die errechneten neuen Werte ab B15 nicht mit in die weitere Trendberechnung einbezogen werden, wenn wir die Formel nach unten kopieren.

=TREND($B$4:$B$14;$A$4:$A$14;A15)

➢ Anschließend das erste Trend-Ergebnis nach unten in die anderen Zellen ziehen.

Der erste geschätzte Wert liegt unerwarteter Weise unter dem letzten vorhandenen Wert, da dieser letzte Wert einen ziemlich großen Sprung gemacht hatte und Excel die Tendenz aller Werte einbezieht.

An der Übersicht sind die Trend-Werte ersichtlich:

➢ Formatieren Sie die geschätzten Trendwerte und Jahreszahlen mit einer anderen Farbe.

➢ Erstellen Sie neben der Datentabelle ein **Diagramm**, dass die Entwicklung anzeigt:

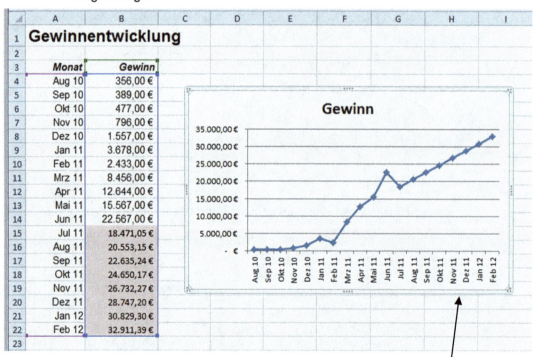

Rechte Maustaste auf der Achse, dann „Achse formatieren".
Dort können Sie bei Achsenoptionen als **Hauptintervall** 1 fest einstellen.
Anschließend evtl. vorhandene **Legende** anklicken und löschen sowie Diagramm verbreitern, damit die Achsenwerte Platz haben.

20. Pivot-Tabelle

Das ist eine Funktion von Excel mit dem Ziel, aus großen, umfangreichen Datensammlungen gewünschte Daten herauszufiltern und ansprechend darzustellen. Dabei kann auch die X-Y-Anordnung vertauscht werden.

Beispiele:

♦ Aus einer umfangreichen Datenbank eines Schmetterlingssammlers sollen die Daten nach dem Datum oder Gattung sortiert angezeigt werden.

♦ Eine Firma hat viele Filialen mit zahlreichen Vertriebsmitarbeitern. Eine umfangreiche Tabelle mit den Verkaufszahlen der Vertriebsmitarbeiter existiert. Die Daten sollen z.B. nach Filiale oder nach Erdteil gruppiert oder die Top-Mitarbeiter sollen herausgefiltert werden.

20.1 Übungstabelle erstellen

Eine Übungstabelle muss nicht so unübersichtlich lang werden, wie dies in der Praxis meist der Fall ist, wenn Pivot-Tabellen benötigt werden. Zur Übung ist es sogar sinnvoller, wenn die Datenmenge überschaubar bleibt, um den Überblick über die Wirkung zu behalten.

➢ Erstellen Sie folgende **Datenbank**:

Mitarbeiter	Umsatz	Filiale	Land
Schulz	3.223.445,00 €	Essen	Germany
Meier	2.342.356,00 €	München	Germany
Müller	376.778,00 €	Frankfurt	Germany
Hagiwara	234.235,00 €	Tokio	Japan
Nguyen	3.452.676,00 €	Hanoi	Vietnam
Schmidt	678.456,00 €	Berlin	Germany
de Hulk	87.435.325,00 €	Amsterdam	Netherlands
Stefinski	574.574.563,00 €	Warschau	Poland
Dimitri	5.745.678,00 €	Petersburg	Russia
Wood	4.356.378,00 €	Philadelphia	USA
Spencer	235.346.457,00 €	NY	USA
McDon	23.556.657,00 €	London	GB
Dostojewsky	5.857.643,00 €	Moskau	Russia

➢ Wählen Sie **Einfügen-Pivot-Table**:

↳ Die andere Option PivotChart erstellt eine Pivot-Tabelle inklusive Übersichtsgrafik.

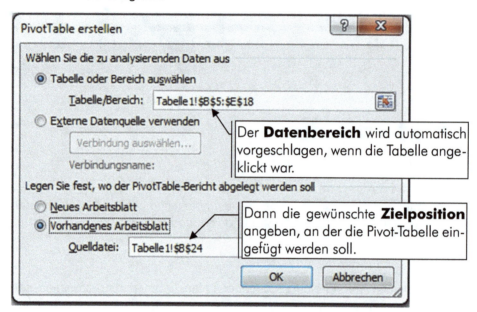

Rechts erscheint ein Menü, in dem nun die gewünschten Felder ausgewählt werden können, nach denen die Werte gruppiert werden sollen:

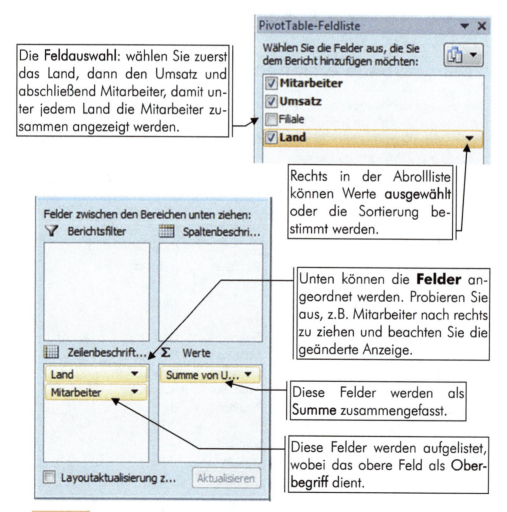

Die weiteren Felder für die Auswahl der Werte:

Die Felder können auch mit der Maus aus der obigen Auswahlliste in die unteren Felder, die die Anordnung bestimmen, gezogen werden.

- ♦ **Bereichsfilter:** wenn Sie hier ein Feld hinziehen, erscheint dieses über der Pivot-Tabelle als Filter, aus dessen Abrollmenü können die gewünschten Werte ausgewählt werden.

- ♦ **Spaltenbeschriftungen:** wenn Felder hierhin gezogen werden, werden dessen Werte in einzelnen Spalten angezeigt.

Wir können jedoch die fertige Tabelle weiterhin beliebig umstellen, um die Daten wie gewünscht zusammenzustellen, was einer der großen Vorteile ist:

Sie können auch an der fertigen Tabelle die Felder noch umstellen.
Wenn Sie die Pivot-Daten anklicken, erscheint das Menü zum Einrichten.

Genauso einfach können Sie ein **Diagramm** (Chart) erstellen, in dem die Werte grafisch angezeigt werden.

Zeilenbeschriftungen ▾	Summe von Umsatz
⊟ GB	23556657
McDon	23556657
⊟ Germany	6621035
Meier	2342356
Müller	376778
Schmidt	678456
Schulz	3223445
⊟ Japan	234235
Hagiwara	234235
⊟ Netherlands	87435325
de Hulk	87435325
⊟ Poland	574574563
Stefinski	574574563
⊟ Russia	11603321
Dimitri	5745678
Dostojewsky	5857643
⊟ USA	239702835
Spencer	235346457
Wood	4356378
⊟ Vietnam	3452676
Nguyen	3452676
Gesamtergebnis	**947180647**

Erstellen Sie weiter unten oder auf einem neuen Blatt noch ein Pivot-Chart, um die Umsätze pro Land grafisch darzustellen:

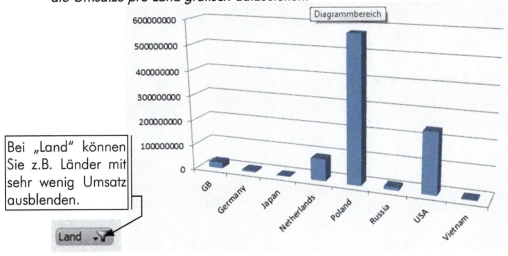

Bei „Land" können Sie z.B. Länder mit sehr wenig Umsatz ausblenden.

20.2 Übersicht Formel-Menü

Im Formelassistenten fx finden Sie alle Formeln. Etwas übersichtlicher sind diese ebenso in Hauptgruppen einsortiert auf der **Karteikarte Formeln** zu finden. Ob Sie Formeln aus dem Assistenten oder Formel-Menü entnehmen wollen, ist reine Geschmackssache.

Hier sind die Funktionen in Oberbegriffe einsortiert, ebenso wie im Formelassistenten fx.

♦ Praktisch: im Abrollmenü bei **AutoSumme** finden Sie auch die Funktionen **Mittelwert, Anzahl, Max und Min**. Damit können diese Funktionen ebenso einfach wie die Summe eingefügt werden, wobei Excel die obenstehenden Werte vorschlägt.

    ✎ Ermitteln Sie den Mittelwert sowie den größten und kleinsten Wert der Umsätze.

♦ Unter den Oberbegriffen wie Logisch oder Finanzmathematik finden Sie eine Auswahl, noch mehr Funktionen bei der Schaltfläche „**Mehr Funktionen**".

20.3 Namen definieren

Auf der **Karteikarte Formeln** finden Sie rechts von den Formeln noch die Namensfunktionen. Damit können Zellen manuell oder automatisch Namen zugewiesen werden, so dass diese Namen statt der Zellbezüge in Formeln verwendet werden können.

Probieren wir dies aus:

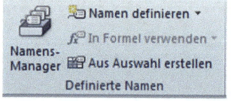

> Öffnen Sie die Notenauswertung und

> markieren Sie die Notenwerte, dann „Namen definieren" und Noten als Name eintragen.

> Jetzt können Sie bei der Häufigkeit in der Formel =ZÄHLEN-WENN($H$5:$H$12;B19)
> statt dem Bereich ($H$5:$H$12 einfach Noten eintragen:
> =ZÄHLENWENN(Noten;B19)

> Die Formel funktioniert weiter, selbst wenn diese nach unten kopiert wird.

Natürlich können Sie solche Namen auch beim Erstellen neuer Formeln im Formelassistenten verwenden.

> Durch die Namensgebung können umfangreiche Kalkulationen vereinfacht und übersichtlicher werden.

Weitere Funktionen bezüglich der Namensgebung:

♦ Im **Namensmanager** können Sie sich vergebene Namen anzeigen lassen, diese auch umbenennen oder löschen. Auch die Werte und der Ursprung werden angezeigt.

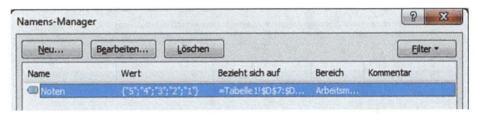

♦ In **Formel verwenden** öffnet ein Fenster, aus dem die vorhandenen Namen ausgewählt und damit während der Formeleingabe eingefügt werden können. Spart Schreibarbeit oder wenn Sie den Namen nicht mehr im Kopf haben.

♦ **Aus Auswahl erstellen:** wählt automatisch den Namen.

   ✥ Entsprechende Bereiche markieren, dann diese Funktion wählen und Sie können im erscheinenden Menü wählen, ob der Name aus der Überschrift oder anderen Zellen definiert werden soll:

21. Externe Daten, Überwachung

21.1 Externe Daten

Sie können in einer Arbeitsmappe auf Daten anderer Arbeitsmappen zugreifen. Allerdings darf die Quelldatei später weder umbenannt noch verschoben werden, da sonst die Datenquelle nicht gefunden wird, bzw. manuell angegeben werden muss.

Erstellen wir eine kleine Übung:

➢ Wir verwenden unsere Notenauswertung. Nehmen wir an, Sie wollen zum Schuljahresende von allen Arbeiten den statistischen Mittelwert erstellen, um in dieser Übersicht zu sehen, ob sich das Niveau verbessert oder verschlechtert hat.

➢ Öffnen Sie die vorige Übung **Notenauswertung** und beginnen Sie eine **neue Mappe**, in der wir diese Daten einbinden wollen.

➢ Schreiben Sie die Überschriften wie rechts angegeben, dann darunter eine Zelle anklicken und beim Formelassistenten fx aus der Kategorie Statistik die Funktion **Mittelwert** auswählen.

Statistische Mittelwerte	
1. Arbeit	

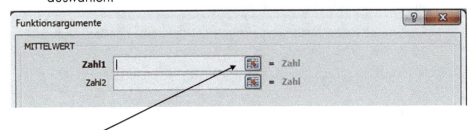

➢ Hier klicken, dann mit [Alt]-[Tab] zur Notenauswertung wechseln und dort mit gedrückter Maustaste bei der Namensliste die Notenspalte markieren und mit OK den Formelassistenten schließen.

Folgende Formel wird damit in der neuen Arbeitsmappe mit Bezug zur Notenauswertung eingetragen:

=MITTELWERT([Notenverteilung.xlsx]Tabelle1!$H$5:$H$12)

Genauso würden dann die Mittelwerte der anderen Schularbeiten in dieser Übersicht berechnet und eingefügt, abschließend könnte noch ein Mittelwert für das ganze Jahr ergänzt werden.

Externe Datenquelle angeben:

♦ Wenn eine externe Datenquelle geöffnet ist, können Sie dort die Werte durch **Zeigen** auswählen. Dann übernimmt Excel den korrekten Eintrag für Sie.

 ⇨ Entweder mit = die Werte manuell berechnen oder mit dem Formelassistenten, welcher bei komplexen Formeln hilft, die richtigen Werte auszuwählen.

Einige Hinweise zur Angabe externer Daten:

♦ Der Dateiname ist in eckige Klammern [] zu setzen.

♦ Das Tabellenblatt ist ebenfalls anzugeben, zur Trennung gefolgt von einem Ausrufezeichen, nach dem die Zelle mit den Daten oder die Matrix anzugeben ist.

Daten aktualisieren:

♦ Wenn die Angabe stimmt, können Sie auf der **Karteikarte Daten** die Verknüpfung aktualisieren oder bearbeiten:

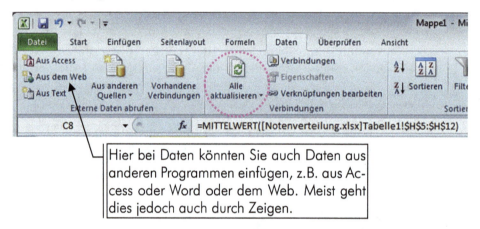

Hier bei Daten könnten Sie auch Daten aus anderen Programmen einfügen, z.B. aus Access oder Word oder dem Web. Meist geht dies jedoch auch durch Zeigen.

➢ Verkleinern Sie die Fenster, so dass Sie die Tabelle Notenauswertung sowie die neue nebeneinander sehen.

➢ Ändern Sie einen Notenwert stark, indem Sie z.B. bei Fant statt 55 nur 15 Punkte eintragen.

➢ Die **Aktualisierung** des Mittelwerts erfolgt automatisch.

Falls eine Fehlermeldung erscheint:

Wenn z.B. das Original geändert wurde (anderer Dateiname oder Speicherort usw.), erscheint leider keine Fehlermeldung, sondern der Wert aktualisiert sich einfach nicht mehr.

➢ Schließen Sie die Notenauswertung, dann erneut öffnen und dabei den Dateinamen ändern, z.B. die Jahreszahl ergänzen.

➢ Ändern Sie einen Wert – es erfolgt keine Änderung. Es muss manuell die Verknüpfung zu der Datei Notenauswertung repariert werden.

➢ Mittelwert anklicken, dann kommen Sie mit „**Verknüpfung bearbeiten**" zu dem folgenden Fenster:

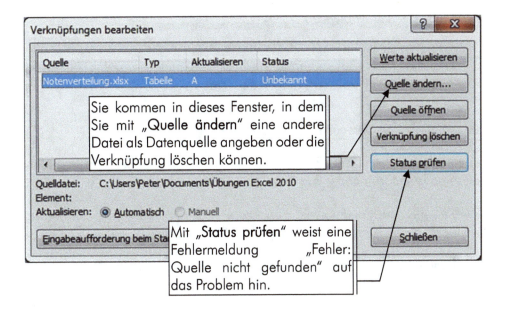

21.2 Aus- und Einblenden

Es ist oft ein Problem bei Tabellen, dass diese zu unübersichtlich werden, sobald es zu viele Spalten und Zeilen gibt.

Deshalb können im Excel Spalten oder Zeilen **ausgeblendet** werden.

> ➤ Öffnen Sie die Reisekostenabrechnung.

> ➤ Bei der **Netto- und MwSt.-Spalte** markieren und auf dem Spaltenreiter die rechte Maustaste drücken, dann **Ausblenden** wählen.

Diese Spalte wird nun weder angezeigt noch ausgedruckt und ist nur an den Doppelstrichen der Tabellenreiter oder der fehlenden Buchstaben erkennbar:

> ➤ Sie kann jederzeit wieder mit **Rechte Maustaste-Einblenden** aktiviert werden, allerdings nur,

> ↳ wenn zuvor die beiden Spalten links und rechts von der ausgeblendeten Spalte markiert wurden,

> ↳ d.h. Spalte E und G markieren, da Spalte F ausgeblendet wurde.

Da Sie ausgeblendete Spalten nicht erkennen, ist die Gefahr hoch, dass Sie beim späteren Öffnen der Tabelle sich nicht mehr an die ausgeblendeten Spalten erinnern und diese übersehen. Zur Sicherheit sollte ein **Kommentar** mit Hinweis auf die ausgeblendete Spalte gesetzt werden.

♦ Im Menü finden Sie die Befehle zum Aus- und Einblenden bei Start: **Format** (bei Zellen).

Auch **Zeilen** können ausgeblendet werden, entweder links auf dem Rand die rechte Maustaste drücken oder Markieren und mit dem Befehl bei Start-Format.

Mappen aus- und einblenden:

♦ Bei **Ansicht** können Sie mit **Ausblenden** die aktuelle Mappe ausblenden, so dass diese nicht angezeigt wird. Mit **Einblenden** darunter können Sie ausgeblendete Mappen wieder herholen.

Zellen aus- und einblenden:

Auch einzelne Zellen oder Zellbereiche können ausgeblendet werden, indem diese ganz einfach mit der Farbe Weiß formatiert werden.

Die Zellen erscheinen dann leer, bei aktiviertem Blattschutz könnte nur der Anwender mit dem Passwort diese wieder sichtbar machen.

Die frühere Methode mit den drei Semikolons sowie mit Ausblenden bei Zellen formatieren funktioniert leider bei Excel 2010 nicht mehr.

21.3 Formelüberwachung

Bei der Karteikarte **Formeln** finden Sie die Befehle für die Formelüberwachung, mit denen Sie hier z.B. anzeigen lassen können, welche Werte zur Berechnung herangezogen werden.

➢ Öffnen Sie die Übung „**Notenverteilung**" und klicken Sie eine Zelle bei Häufigkeit an, die eine **Formel** enthält.

➢ Drücken Sie bei Formeln auf „**Spur zum Vorgänger**".

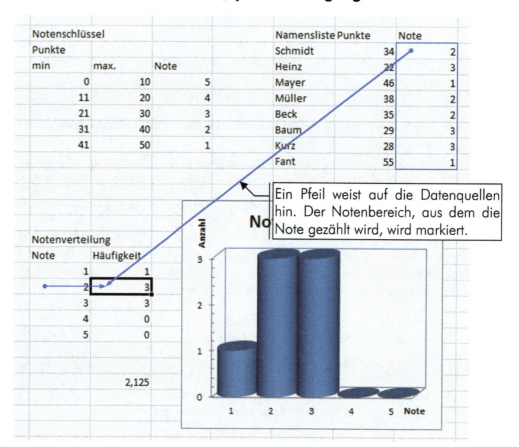

Ein Pfeil weist auf die Datenquellen hin. Der Notenbereich, aus dem die Note gezählt wird, wird markiert.

Die Befehle der Formelüberwachung:

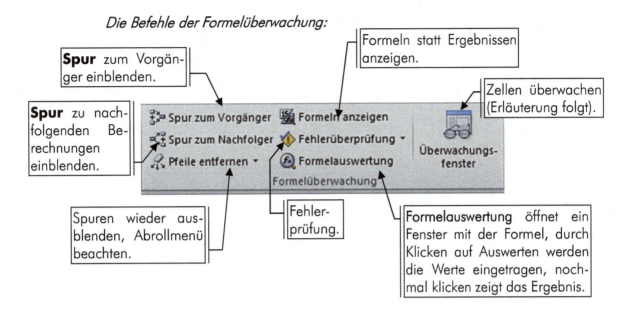

21.4 Zellen überwachen

Mit dem Überwachungsfenster (s. o.) können Sie in einem separaten Fenster Ergebnisse oder Werte anzeigen lassen. Das ist alles. Der Nutzen ist bei umfangreichen Arbeitsmappen gegeben, indem Werte von anderen Mappen oder Blättern im Blick behalten werden können.

Durch Klicken auf das Symbol wird das Überwachungsfenster ein- oder ausgeblendet.

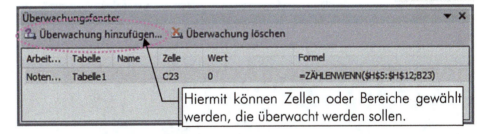

Die Werte werden damit nur angezeigt. Wenn Sie Zellen in dem Sinne überwachen wollen, dass bei bestimmten Kriterien eine Meldung erfolgt, so ist dies mit den Gültigkeitsregeln möglich, die im nächsten Kapitel folgen.

21.5 Gültigkeitsregeln

Zur Überwachung, so dass bei bestimmten Kriterien eine Meldung erfolgt, gibt es die Gültigkeitsregeln. Damit können Fehleingaben oder kritische Werte, etwa zu viele schlechte Noten, erkannt werden.

➤ Bei unserem Notenbeispiel könnten Sie z.B. die Spalte mit den erreichten Punkten markieren und dann auf der Karteikarte **Daten** mit dem Befehl **Datenüberprüfung** bestimmen, dass nur „Ganze Zahlen" zwischen 0 und 50 Punkten zulässig sind.

➤ Danach werden Fehleingaben gemeldet.

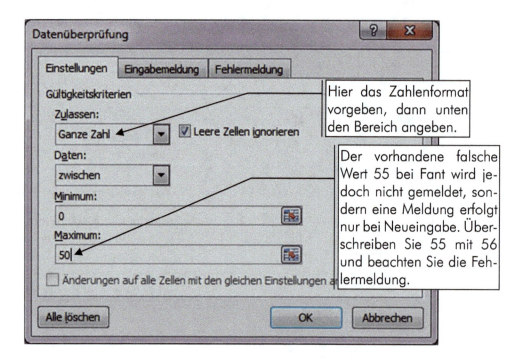

Weiteres zu der Gültigkeitsprüfung:

- Auf der Karteikarte **Eingabemeldung** können Sie einen Hinweistext eintragen, der beim Anklicken dieser Zelle erscheinen soll,

- auf der Karteikarte **Fehlermeldung** eine Meldung, die angezeigt wird, wenn ein unzulässiger Wert eingegeben wurde.

  - Als Typ ist wählbar: **Information, Warnung** oder „**Stopp**": bei letzterem werden fehlerhafte Eingaben blockiert.

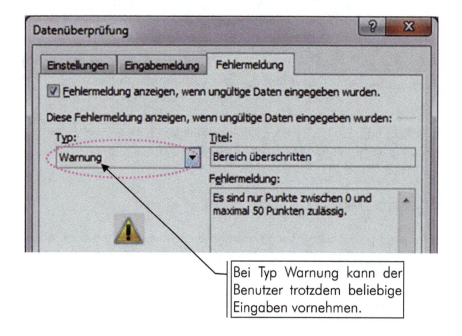

22. Index

&

&Register 33

A

Absolute Bezüge .... *Siehe* Bezüge
Ansicht 26
Anzahl 78
   -der Seiten 33
   -der Tabellenblätter 20
Arbeitsmappe 20, 21
Arbeitsspeicher 15
Artikel 65
Aufgabenbereich 93
Ausblenden 89, 141
Ausfüllen 68, 69, 77
Ausschneiden 23
AutoFormat 92

B

Berechnen .... *Siehe* Formel
Bezüge 45, 46, 126, 131
Bildlaufleiste 34
Blatt schützen 100
Blätter 20, 21, 42

C

Clip Organizer 94
ClipArts 94

D

Datei 15–18, 15
   -schließen 17
Daten kopieren 42
Daten schützen 102
Daten, externe 139
Datenbankprogramm 19
Datum 33
   -Berechnungen 63

   -einfügen 63
Diagramm 115–20
Dreieck 114
Drucken 29

E

Einblenden 141
Einfügen 23
Euro 107, 108
Excel
   -Endung xls 17
   -starten 10
   -Vorlage 97
Exportieren 66
Externe Daten 139

F

FALSCH 129
Fehlermeldung 114
Fenster anordnen 18
Format übertragen 48
Formatieren 28
   -mit Ausblenden 89
Formatvorlage 103–8
Formel
   -Anzahl 78, 111
   -Eingabe 51
   -Eintrag abkürzen 45
   -eintragen 40, 60
   -Formel kopieren 46
   -Funktions-Assistent 40
   -Häufigkeit 127
   -in der Formel 127
   -kleinster/größter Wert 111
   -Koordinaten eingeben 40
   -Kredit 76
   -Matrix 45
   -Max 111
   -Median 112
   -Mehrwertsteuer 60, 123

-Min 111
-mit Datum 63
-Mittelwert 111, 112
-ODER 129
-Produkt 43, 48, 60
-Prozent 61, 75
-RMZ 79
-Runden 113
-Standardabweichung 111
-Summe 39, 40, 44, 45, 49, 60
-SVerweis 125
-UND 129
-Varianz 111
-Wenn 127, 129
-Werte zeigen 44, 49
-Zählenwenn 127
Formeln
-Menü 136
Formelüberwachung 142
Freigabe 96
Funktion ....Siehe Formel
Funktionen 86
Funktionsassistent 51
Funktions-Assistent 40
Fußzeile 32, 33

G
Gehaltsberechnung 67
Gültigkeitsregeln 143

H
Häufigkeit 126
Haushaltsplanung 67
Hilfe 26, 86
Hintergrund 94, 95

I
Icons 13
Inhalte einfügen 23
Inkrement 68

K
Kalkulationsprogramm 19
Kennwort 101
Kommentar 62, 70
Kopfzeile 32
Kopieren 23, 42
-auf anderes Blatt 65
-Daten und Formeln 69
-Formatierungen 48
-Formel 44, 46, 126
-in anderes Programm 66
-Inhalte 23
-rel. oder abs. 46
-Symbol 23
-Zeile 24

-Zelle 46
Korrigieren 11
Kredit 75
-Barwert, Endwert 80
-Laufzeit berechnen 76
-RMZ 79
-Zahlungszeitraum 80

L
Layout 30
Logik 129
Lotto 51

M
Markieren
-Blätter 21
-Zeile oder Spalte 22
Matrix 46, 125–32
Mehrwertsteuer 60, 124

N
Nachkommastellen 113
Namen 136
Notiz .... Siehe Kommentar

O
Objekte formatieren 91
ODER 129
Ordner 15, 16
-Voreinstellung 23
-Vorgabe 23

P
Papierformat 30
Pivot 133
Programm starten 9

R
Relative Bezüge ....Siehe Bezüge
RMZ 79
Rückgängig 26
Runden 112

S
Schnellstartleiste 10
Schützen 100
Seite
-einrichten 30
-Seitenzahlen 33
Seitenhintergrund 95
Smarttag 55
Sortieren 27
Spalte
-ausblenden 141
-Breite ändern 22

-markieren 22
-optimale Breite 67
-sortieren 27
-umstellen 24
Sparen 83
Speichern.......................... 15–18, 15
Standardarbeitsordner 23
Stellvertreter 46
SVERWEIS 125
Symbol
-Symbolleiste Text 28
Symbole...................................... 13
Symbolleiste
-ausblenden 93

T

Tabelle 20, 35
-an Anfang/Ende 34
-AutoFormat............................. 92
-formatieren............................. 41
-wechseln................................ 20
-zentrieren............................... 31
Tabellenkalkulation........................ 19
Tastatur
-[Strg]-X, -C, -V 44
TREND....................................... 131

U

Überschrift gestalten 47
Übung
-Abschreibung 53
-Arbeitsmappe 21
-Datei speichern 18
-Format übertragen.................... 48
-Formatvorlagen 103
-Formeleingabe 44, 49
-Gehaltsberechnung.................... 67
-Kopf- und Fußzeile 32
-Kopieren und Verschieben.......... 24
-Kredit 75
-Logik.................................... 129
-Noten auswerten 125
-Prämien................................. 127
-Produkt 43
-Rechnung 61
-Reisekosten 124

-Summe 39
-Tabelle formatieren 28
-Telefonliste 10
-Trend 131
-Umsätze................................ 121
-Versuchsreihe 111
-Währungsrechnung................... 124
-Zahlenformat........................... 59
Uhrzeit 33
UND... 129

V

Vorlage
-speichern 102

W

WAHR 129
Währungsformat.................... 107, 108
Währungsrechnung....................... 124
WENN-Bedingung 127
Word 66

X

xls 17

Z

Zählen 78
Zahlenformate............................. 59
ZÄHLENWENN 126
Zeichnen................................... 90
Zeigen................................. 44, 49
Zeile
-markieren 22
-optimale Höhe.......................... 47
-Zeilen zählen........................... 78
-Zeilenwechsel.......................... 67
Zelle.. 22
-formatieren 41
-Zellen verbinden...................... 41
Zellenformatvorlagen..................... 28
Zellüberwachung.......................... 143
Zoom 26
Zufallszahl 53
Zwischenablage............................ 93

www.ingramcontent.com/pod-product-compliance
Lightning Source LLC
LaVergne TN
LVHW081658050326
832903LV00026B/1815